KB247365

이게 화낼 일인가?

이게  화낼 일인가?

박기수 지음

예미

프롤로그

"정말 그게 화낼 일이었을까?"

누구나 한 번쯤은 이런 생각을 해본 적 있을 겁니다. 화가 났고, 언성을 높였고, 뒤늦게 후회했습니다. 하지만 그 순간엔 너무도 자연스럽게 화를 냈고, 어쩌면 '당연한 감정'이라고 여겼을지도 모릅니다.

우리는 살면서 수없이 많은 자극에 노출됩니다. 가족과의 대화, 회사의 스트레스, 친구의 무심한 말, 인터넷 댓글, 예고 없이 벌어지는 사건들. 그때마다 '분노'는 가장 빠르고 강력하게 튀어나오는 감정입니다. 하지만 아이러니하게도, 분노는 우리를 가장 후회하게 만드는 감정이기도 합니다.

이 책은 "화는 왜 나는가?"라는 질문에서 출발했습니다. 화는 어떻게 생기고, 왜 이렇게 자주 반복될까요? 그리고 그 화는 왜 때로는 우리 자신도 감당하지 못할 만큼 커지곤 할까요?

화는 단순히 성격의 문제가 아닙니다. 생물학적·심리적·사회문화적 요인이 복합적으로 작용하며, 디지털 환경에서는 그 전염 속도와 파급력이 폭발적으로 증가합니다. 분노는 습관이 되기 쉽고, 중독되기까지 합니다. 그리고 그 결과는 삶을 조금씩 병들게 만듭니다.

그러나 중요한 사실이 하나 있습니다. 분노는 '없애야 할 감정'이 아니라, '잘 다루고 다스려야 할 감정'이라는 것. 화를 억누르거나 부정하는 것이 아니라, 그 감정을 인식하고 관리하는 것이 핵심입니다.

이 책은 분노에 관한 다양한 관점을 담았습니다. 진화심리학, 뇌과학, 종교와 철학, 사회문화 현상까지 두루 살펴보며 분노라는 감정을 다각도로 들여다봤습니다. 그리고 화를 다스리기 위한 건강한 실천 방법도 함께 소개했습니다.

왜냐하면 화는 단순히 '이해하는 것'만으로는 바뀌지 않기 때문입니다. 화의 본질을 제대로 알고 관리하기 위한 반복적인 연습과 작은 실천, 그 꾸준함이 진짜 변화를 만들어 냅니다.

이 책을 읽는 동안, 여러분은 분노를 억누르거나 부끄러워하기보다, 그것을 솔직하게 마주하고 조절할 수 있는 힘을 기르게 될 것입니다. 그리고 언젠가, 화가 치밀어 오르는 순간 이렇게 말할 수 있을 겁니다.

"잠깐, 정말 이게 화낼 일인가?"

이 책이 여러분 삶의 평온과 성장을 위한 작은 시작이 되길 바랍니다.

2025년 겨울, 서울에서

박기수

차례

Part 2
화가 우리 삶에 미치는 영향

Part 3
'욱' 하는 우리, 분노하는 사회

Part 4
화의 다스림과 실천

1. 나만의 '화 다스림' 루틴 만들기

2. 감정을 다스리는 네 가지 열쇠

3. 심리학은 이렇게 코칭한다

4. 단단한 나, 이렇게 만들 수 있다

Part 1
화에 대하여

1.

인간과 화

익숙하고도 낯선
화라는 감정

"엄마가 숙제 먼저 하라고 했니, 안 했니? 몇 번이나 말했잖아!"

"저한테 도대체 왜 이러세요? 제가 과장님한테 뭘 그리 잘못했는지 모르겠습니다."

우리는 살면서 수많은 감정을 마주하고 살아간다. 그 중에서 화라는 감정은 다른 어느 것보다 우리 인생에 큰 영향을 미친다.

어쩌면 엄마 배 속에서 나와 "응애~" 하며 차고 낯선 세상에 나오는 순간, 우리는 화라는 감정의 토대를 마련했을지도 모른다. 물론, 의학적으로 보면 이는 아이가 화나서 그런 게 아니라, 폐에 공기를 처음 들이마시는 과정에서 나타나는 현상이다. 우리의 뇌는 산소 부족과 외부 자극에 반응하면서 스스로 울음을 유도하기 때문이다.

하지만 심리학적 관점에서 보면, 아이의 힘찬 울음은 엄마의 평안한 배 속에서 나와 처음 경험하는 불안감과 생존을 위한 신호로, '원초적 분노'로 해석되기도 한다. 굳이 이야기하면 '화'라는 감정을 안고 태어난다고 볼 수 있다.

화란 우리 인간이 느끼는 가장 원초적이고 강력한 감정 중 하나다. 국어사전에 보면 '몹시 못마땅하거나 언짢아서 나는 성'이라고 짧게 표현돼 있는데, 사실 화가 나거나 혹은 화가 치미는 것은 그리 단순하지 않다.

그럼 왜 화가 나는 걸까? 생물학적으로 혹은 심리학적으로 다양한 메커니즘에서 비롯되지만, 우리가 흔히 일상에서 발생하는 상황에 비춰 보면 그 이유는 그리 어렵지 않게 설명된다.

내가 친구 혹은 동료에게 무시당했다고 느낄 때 기분이 언짢다. 열심히 일했는데도 상사로부터 부당한 대우를 받았다고 생각하면 화가 치밀기도 한다. 내가 스스로 정한 목표를 달성하지 못했을 때도 무력감을 느끼며 화가 나기도 한다. 여자친구가 나를 버리고 다른 남자를 만난다면 분노를 조절하기 어려운 수준에 이르기도 한다. 성인인 내가 조그만 일에 감정을 제대로 추스르지 못하고 아이처럼 행동할 때도 마찬가지다.

　결국 이런 감정은 외부로부터의 위협이나 불공정함, 좌절감, 혹은 나 스스로의 상실감에 대한 반응으로 발생한다. 화는 단순한 감정의 폭발이 아니라, 생존과 자존감을 지키기 위한 본능적인 신호인 것이다. 인류의 진화 과정으로 보면, 화는 외부의 위협으로부터 자신을 보호하거나 사회적 정의를 요구하는 수단으로 사용되기도 한다. 불의를 참지 못해 시민들이 뭉쳐 "독재 타도!"를 외치며 길거리로 뛰쳐나온 것 역시 마찬가지다.

　따라서 분노 자체를 나쁜 감정, 없어져야 할 감정으로 치부하는 것은 우리 인생을 거부하는 것과 다를 바 없다. 문제는 화라는 감정을 우리가 어떻게 인식하고 표현하느냐이다. 화는 마치 양날의 검과 같다. 자칫 잘못하면 타인을 해치기 위한 감정으로 연결될 수도 있는 반면, 인생살이의 슬기로운 도구로 활용할 수도 있다.

　결국 화라는 인생의 '필수 감정'과 함께 어떻게 살아갈지는 내 손 안에 달려 있다. 화에 끌려만 다니다가 원치 않은 길로 갈 것인지, 화를 잘 관리해서 풍요로운 인생을 살아갈지, 결국 내가 결정해야 할 일이다.

　사실 알고 보면, 화는 단순히 감정이 폭발하는 것이 아니다. 그래서 먼저 화를 제대로 이해해야 한다. 화가 치밀고, 화를 내는 것은 우리의 뇌와 신체, 그리고 사회적 맥락이 서로 얽혀 있는 복합적인 반응이다.

우리나라 사람은 '욱!' 하는 성질이 있다고 하는데, 생물학적으로 보면 이렇다. 우리 뇌의 편도체는 외부 위협을 빠르게 인식해 즉각적인 감정 반응을 유도한다. 이는 우리 인류의 600만 년 역사와 밀접한 관련이 있다. 진화론적으로 생존 메커니즘의 흔적이 현재에도 그대로 우리 몸에 남아 있기 때문이다.

예컨대 평소에 보지 못했던 낯선 이들이 갑자기 숲속에서 나타난다면 우리는 몸에서 즉각적으로 아드레날린과 코르티솔이 분비되면서 몸은 경계 상태로 전환된다. 몸이 전투태세에 돌입하게 되면서 심장은 빨리 뛰기 시작한다. 더 많은 혈액을 우리 몸에 공급함으로써 적으로부터 내 몸을 보호하거나 필요하다면 공격 준비에 즉각 돌입하는 셈이다. 모든 신경이 곤두서고 근육도 단단해져서 평소보다 더욱 힘을 발휘할 상황이다. 이른바 '싸우거나 도망가라Fight or Flight' 반응의 일환이다.

이런 생물학적인 반응과 함께 나타나는 것이 심리적인 요인이다. 물론 지금도 화가 나면 과거 원시시대처럼 물건을 집어던지고, 급기야 상대방을 폭행하는 일도 있지만, 대부분은 그렇지 않다. 현대사회에선 심리적인 부분에 집중된다. 마음에 상처를 받으면 화가 난다. 또는 내가 중요하게 여기는 가치나 기대가 침해될 때 화를 느낀다. 회사가 공정하지 못하다고 느꼈을 때, 내가 누군가로부터 존중받지 못한다고 생각될 때가 그렇다.

또는 엄마 품에서 벗어나 학교에 가서 친구들을 만나고, 조금 더 커서 사회생활을 시작하면서 느끼는 여러 감정 중 하나가 화이다. 예컨대 집에서, 직장에서, 이 외 다른 사회문화적 환경 속에서 반복적으로 억압되거나 무시당할 때 화가 나고 이게 누적된다. 특히 자신의 감정을 표현할 기회가 없거나, 이를 표출할 방법이 없을 땐 문제는 커지게 된다.

이런 감정이 극에 도달해서 통제되지 못할 경우, 우리가 뉴스에서 보는 범죄로 연결되기도 한다. 특히, 특정 사건에 대해 억울함이 해결되지 않을 때 그 분노는 사회 전체적으로 엄청난 재난상황으로까지 연결되기도 한다. 어렸을 적부터 가난으로 고생하다가 사회에서 억압받거나 차별받을 경우에도 그 분노가 걷잡을 수 없게 된다.

물론, 화는 개인적 성향 자체에서도 그 원인을 찾을 수 있다. 어떤 사람들은 타고난 기질이나 어린 시절의 경험, 학습된 행동 방식에 따라 분노를 더 자주 또는 더 강하게 경험한다. 감정 조절 능력, 자기 인식 수준, 스트레스 대처 능력도 영향을 미친다.

　물론, 화 자체가 나쁜 게 아니다. 그리고 그 화를 피하기도 어렵다. 화는 일종의 인생의 신호등과 같다. 외부 위협을 경계해 우리를 방어할 수 있는 기제, 혹은 불합리함에 대항해서 생기는 화는 더 나은 나와 우리를 만드는 기제이기도 하다. 많은 시민혁명과 제도 변경이 여기서 나왔다. 하지만 이게 다스려지지 않으면, 인생에서의 관계 악화와 잘못된 의사결정, 건강으로 보면 고혈압, 당뇨, 뇌졸중, 만성질환 등 이른바 '불건강'을 불러올 수밖에 없다.

　특히, 화는 홀로 나타나지 않는다. 대부분 다른 '감정의 동반자'와 함께하는 경우가 적지 않다. '실패하지 않을까', '거절당하지 않을까' 등의 두려움, 때로는 슬픔이 분노로 바뀌기도 하고, 부끄러움 자체가 자신을 화나게 만들기도 한다. 불안, 당황, 소심함 등의 감정도 그렇다. 이러한 감정을 캐릭터로 영화화한 애니메이션 〈인사이드 아웃 Inside Out〉에 자세하게 묘사된다.

　결국, 화는 단순한 감정이 아니라 자기 보호의 수단이며, 삶의 방향성과 가치에 대한 나 스스로의 반응이기도 하다. 때문에 화를 억누르기보다 이를 이해하고 건강하게 다루는 것이 너무나 중요하다.

우리에게 화가 필요하다?

"빨리 피해! 내가 여길 지킬 테니. 어서! 어서! 피하라고!!!"

사극 드라마나 전쟁영화 등에 흔히 등장하는 대사이다. 적군들이 밀려오는 상황에서 내 한 목숨을 내걸고 끝까지 이 자리를 지키겠다는 말이다. 내가 적들과 싸우면서 시간을 버는 사이, 내 자식이든 혹은 동료든지 간에 목숨을 구할 수 있도록 하자는 뜻이다. 이런 곳에서 차분하게 이야기할 사람은 아무도 없다. 결연한 의지에 찬 사람의 카랑카랑한 목소리가 어울리는 대사일 수밖에 없다.

화는 인류의 진화 과정에서 생존을 위한 중요한 본능적 감정으로 자리 잡았다. 원시 인류가 위험한 환경에서 생존하기 위해 적절한 반응을 해야 했던 시기에 더욱 그러했다. 화는 자신과 공동체를 보호하는 데 중요한 역할을 해왔다.

적과 대치하고 있는 상황에서 우리는 으르렁대는 동물과 크게 다를 바 없다. 나의 몸짓을 크게 하거나 목소리를 더욱 크게 높임으로써 상대방의 공격 의지를 꺾으려는 동물적 감각이 지금도 우리 몸에 고스란히 남아 있다.

실제로 화는 외부의 위협에 대해 신체와 정신이 즉각적으로 반응할 수 있도록 도와준다. 우리가 살아오는 방식은 사실 너무나 오래된 우리 인류 생존 방식의 '조그만 변경'이다. 왜 우리가 아침에 일찍 일어나는지, 왜 우리가 아무런 교육 없이도 사랑을 나누는지, 왜 우리가 낯선 곳에서 상대방을 만나면 경계하는지……, 이는 우리가 태어나서 배우는 것이 아니라 우리 몸에 오랜 기간 내재된 그 유전적 특성에 의해 지배되고 있기 때문이다.

이를 학문적으로 표현해 보자. 우리 몸은 위협에 빨리 반응한다. 생리학적으로 보면, 위협은 아드레날린 분비를 증가시킨다. 이는 몸의 신경계가 활성화돼 심장이 더 빨리 뛰고 혈압이 상승함으로써 몸이 즉각적인 행동을 취할 수 있도록 도와주게 된다. 자동차로 치면 차는 멈춰서 있지만 엔진이 가동돼 언제든지 만약의 사태에 대비해 급발진할 수 있도록 하는 것과 마찬가지다. 이를 위기관리 측면에서 보면, 싸움-도피 반응Fight-or-Flight Response이라고 하는데, 화는 몸과 마음이 싸울 준비를 하거나 위험에서 도망칠 수 있도록 에너지를 제공한다.

다소 아이러니한 일이지만, 화는 집중력 향상에 큰 도움을 준다. 위험에 대한 주의를 높이고 빠른 결정을 내릴 수 있게 한다.

"똑바로 안 해! 공에 집중을 해야지, 뭐 하고 있어! 정신 안 차려!"

운동선수가 제대로 연습하지 않거나 집중하지 않을 때 코치들은 목소리를 높여서 이렇게 이야기하는 경우를 많이 봤을 것이다. 물론 장기적으로 이런 화난 목소리가 집중력 향상에 얼마나 큰 도움을 줄지는 미지수다. 하지만 단기적으론 분명히 그 효과가 있다. 예를 들어 펜싱 선수라면 칼끝에 정신을 집중해서 더 포인트를 높일 수 있게 된다.

나아가, 과거 인류 역사를 보면 집단적 생존에도 중요한 역할을 했다. 종종 영화에서 보면, 원시인들이 단체로 결속해서 사람들보다 몇 십 배가 큰 매머드를 공격하는 장면이 나올 때가 있다. 마치 동물처럼 으르렁거리면서 사람이 다가가면 오히려 맹수가 뒤로 물러서면서 도망가거나, 덫에 걸려 잡히는 경우도 있다. '으르렁거림'의 화를 통해 우리는 생존에 필수적인 식량과 거주지, 그리고 가족을 지켜 온 것이다.

이러한 화는 외부에만 표출되는 것은 아니다. 우리 사회 내부의 연대와 규율 강화를 위한 중요한 도구이기도 하다. 미국 도널드 트럼프 대통령이 관세 폭탄을 내세워 우리나라에 각종 압박을 강화해 왔을 때, 대한민국 국민이라면 대부분 공분을 느꼈을 것이다. 그게 분노의 표출이다. 사실 이러한 집단 외부에 대한 투쟁은 내부 결속 강화로 이어진다.

예컨대 다른 지역, 다른 나라, 다른 인종에 대해 화를 표현하는 것은 오랜 인류의 생존 방식인데, 가장 대표적인 것이 전쟁이다. 21세기인 지금도 러시아와 우크라이나의 전쟁, 이스라엘과 팔레스타인 간의 분쟁이 이어졌는데, 이는 외부의 위협에 대해 내부 구성원이 집단적으로 분노를 공유하며 협력과 연대를 강화하게 만드는 계기가 된다.

미국 도널드 트럼프 대통령과 정상회담 과정에서 말싸움까지 벌였던 볼로디미르 젤렌스키 우크라이나 대통령은 언뜻 보면 실속을 챙기지 못한 대통령처럼 보인다. 고분고분하게 미국 말을 잘 들어서 무기 지원을 받아도 시원치 않은 마당에, TV로 생중계되는 동안 삿대질까지 하는 대통령은 제3자 입장에서 보면 이해가 되질 않는다. 하지만 상황은 제3자가 생각하는 것과 다르다. 파행 정상회담 이후 우크라이나에서 실시된 한 여론조사에서 젤렌스키 대통령의 지지율은 65%로, 정상회담 전달에 비해 8% 포인트나 급반등했다. 왜 그럴까? 분노가 큰 몫을 한 것이다. 외부 공격에 대한 내부의 적극적인 방어기제인 화의 분출은 오히려 내부인 우크라이나의 집단 결속을 강화하는 결과를 낳았기 때문이다.

이런 현상은 과거 인류 역사를 돌이켜보면 적지 않은 일이다. 우리나라는 6·25 전쟁 이후 남북으로 대치하고 있는데, 이를 화의 관점에서 보면 위정자들이 인간의 생존본능을 이용해 이를 더 부추기는 경우도 적지 않았다는 것을 부정할 수 없다. 과거 정부에서 정권의 이득을 위해 '북풍 공작'을 벌인 것도 이런 이유에서일 수 있다.

화는 단순한 부정적 감정이 아니라, 생존본능에서 비롯된 필수적인 감정이다. 비록 현대사회에서는 때로 과잉 반응으로 작용할 수 있지만, 본래 화는 생존과 자기보호, 그리고 사회적 정의를 위해 중요한 역할을 한다.

부끄러움과 방어기제로서의 화

"이 자료는 왜 이렇게 정리가 안 돼 있나요? 그냥 기본적으로 정리만 하면 되는 건데요. 그냥 박○○ 책임에게 하라고 하세요."

회사에 다니는 직장인이라면 한 번쯤 이런 경험을 해 보았을 것이다. 이 말을 상사로부터 들은 김 과장은 이렇게 생각하기 시작한다. '어, 분명히 제대로 정리했는데, 나를 미워해서 그런 걸까? 박 책임과 같이 만든 건데.' 창피한 것은 저런 말을 갓 들어온 신입사원까지 있는 회의 석상에서 들었다는 점이다.

"부장님! 이 정도면 자료가 잘 정리된 거 아닌가요! 다시 보겠습니다만, 이건 박○○ 책임도 이미 같이 확인한 겁니다!"

상사에게 목소리를 높인 김 과장은 이미 선을 넘어서 자신을 보호하기 위한 방어막을 구축하기 시작했다. 부끄러움 혹은 모욕감은 자신을 방어하기 위한 본능적 반응으로 나타난다. 물론 저런 '쉴드'가 적절하지 않은 경우가 대부분이지만, 김 과장은 자신이 생각할 겨를도 없이 저런 말을 뱉어 낸 것이다.

부끄러움은 이처럼 화와 깊이 연결된 감정이다. 부끄러움은 개인의 자아가 위협받거나 자신이 부족하다고 느낄 때 나타나는 감정으로, 화는 이러한 부끄러움을 방어하려는 본능적 반응으로 나타날 수 있다. 화를 표출함으로써 자신의 취약함을 방어하려는 심리가 작동되기 때문이다.

특히, 부끄러움은 김 과장의 경우처럼 타인의 평가와 연관되는 경우가 많으며, 타인이 자신을 비판하거나 조롱한다고 느낄 때 화로 반응하기 쉽다. 나의 능력이 의심을 받는 것은 물론, 부하직원에게 상사가 일을 맡긴다는 것은 직장인 입장에서 보면 매우 수치스러운 일이다. 더욱이 그것도 공개적인 자리에서라면 말이다. 상사가 만약에 김 과장과 단둘이 있을 때 문제점을 지적했다면야 보고서를 다시 한번 살펴보고 보완하겠다고 순순히 응했을 수도 있다. 그때는 부끄러움이 덜했을 수도 있어서다.

"엄마, 그걸 뭐 하러 ○○ 엄마에게 이야기해! 무슨 자랑도
아니고."

수진이는 엄마에게 버럭 화를 냈다. 엄마가 자신이 어
렸을 적에 실수한 것을 엄마 친구들에게 이야기한 것을
듣고 한 말이다. 실수로 인한 부끄러움이 화로 전환돼 엄
마를 비난하는 상황으로 연결되는 것이다.

이렇듯 화는 결국 자신을 방어하는 기제로 사용되는
경우가 적지 않다. 그런데 실수나 부끄러움을 방어하려
는 행동이 화의 표출을 통해 지속될 경우에는 타인과의
관계를 악화시키거나, 신뢰를 잃을 수밖에 없다. 멀리
보면 결국엔 자신의 성장을 가로막는 장애물이 화인 셈
이다.

사실, 자신의 부끄러움이나 실수가 화로 연결되지 않
기 위해서는 '자기 인정'이 중요하다. 부끄러움을 느끼는
상황에서 스스로 비판하기보다는 실수나 부족함을 있는
그대로 받아들이는 연습이 필요한데, 물론 쉽지 않다.

"나는 지금 부끄럽기 때문에 화가 난다."라고 자신의
감정을 명확히 인식하면, 화를 과도하게 표출하는 것도
막을 수 있다. 상대방의 의도가 반드시 자신을 부끄럽게
하려는 것이 아님을 이해하고, 상황을 보다 객관적으로

바라보는 노력이 중요하다.

결국, 부끄러움은 인간이 느끼는 자연스러운 감정이며, 화는 이를 방어하려는 본능적 반응일 수 있다. 그러나 부끄러움을 인정하고 다루는 방식에 따라 화를 건강하게 조절할 수 있다. 화를 방어기제로 사용하는 대신 부끄러움의 근원을 이해하고 대처하는 법을 배우는 게 필수적이다.

2.

화의 생리학

화나면 뇌에선 무슨 일이 일어날까

한국 사람은 '버럭!' 하는 특성이 있고, 때론 '욱!' 하는 게 특기라고도 한다. 모두 다 갑작스럽게 분노를 표출하는 뜻으로 해석된다. 상대방에게 이른바 예고도 없이 화를 표출함으로써, 혹시라도 옆에 다른 사람이 있으면 보기 민망할 정도가 될 때도 있다.

문제는 이런 상황을 화낸 자신이 통제하기 어려운 경우가 많다는 점이다. 이를 생리학적 혹은 신경과학적 관점에서 보면 왜 그런지 조금 이해가 간다. 복잡한 신경 전달 경로를 통해 일어나기 때문에, 단순히 욱하는 감정 그 이상이다.

화는 오랜 인류의 생존에 기반해 일어나는, 신체 전반에 걸쳐 복잡한 생리적 반응을 유발하는 것인데, 이는 인간이 위협에 즉각적으로 대응할 수 있도록 돕는 본능적인 메커니즘이다. 화가 일어날 때 뇌의 특정 영역과 호르몬 시스템이 활성화되며, 이는 신체 반응으로 이어지게 되는데, 먼저 뇌에서 반응이 나타난다.

조금 복잡할 수도 있지만, 우리 뇌에는 편도체Amygdala 라는 게 있어 우리 인간의 감정 처리의 중심 역할을 한다. 예컨대, 애니메이션 영화 〈인사이드 아웃〉에 나오는 조이Joy, 기쁨와 앵거Anger, 버럭 등 많은 캐릭터들이 여기서 나온다고 보면 된다.

이 편도체는 위협이나 자극을 받을 때 가장 먼저 반응하게 되는데, 일종의 위험 감지의 첨병이라고 봐도 무방하다. 위험을 인지하면 시상하부로 신호를 보내 스트레스 호르몬을 분비하게 하여 싸움이나 도망을 위한 신체 반응을 유발한다.

반면에 전전두엽Prefrontal Cortex 은 이러한 감정을 조절함으로써 합리적 판단을 내리는 데 관여한다. 그런데 문제는 전전두엽이 편도체에서 나오는 감정 캐릭터를 조절하는 게 쉽지 않다는 점이다. 너무 화가 나면 '눈에 보이는 게 없다'고 말하는데, 이것은 편도체가 너무나 강하게 활성화된 경우다. 결국, 전전두엽은 그 기능이 약화됨으로써 이성적 사고를 하지 못하고, 자기 통제가 어려워진 상황으로 몰리게 된다. 스스로 분에 지쳐서 어떻게 할 수 없는 상황이라고 볼 수 있다.

여기에 또 하나, 시상하부Hypothalamus라는 게 있다. 시상하부는 우리 몸의 싸움-도피 반응을 조율한다. 즉, 원시 시대로 돌아간다고 하면, 다음 장면이 펼쳐질 때 시상하부가 하는 역할이 쉽게 설명될 수 있을 것 같다.

인적이 끊긴 산중에서 낯선 사람을 갑자기 만났다고 생각해 보자. 같은 마을 사람이거나 친인척이라면 반갑게 인사하고 마음 편하게 서로 의지하면서 길을 같이 갈 수도 있겠지만, 그렇지 않다면 보통 걱정이 아니다. 혹시라도 나를 해할 수도 있는 사람일지 어떻게 장담할 수 있겠는가. 여기서 시상하부가 등장하게 된다. "뛰어!" 하면서 도망가라는 신호를 보낼지, "싸워!"라면서 공격 신호를 보내 상대방을 제압하라고 할지 말이다.

시상하부는 부신Adrenal Gland이라는 곳에 신호를 보내 호르몬을 분비하도록 지시한다. 이성적으로 생각하면 화를 조절할 수 있을 것 같지만, 그게 그리 호락호락하지 않다. 이거는 내 생각대로 쉽게 통제되지 않는다. 바로 호르몬 때문이다. 호르몬은 내 마음대로 조절되지 않는다.

화가 나면 부신에서 아드레날린Adrenaline을 대량으로 공급한다. 아드레날린은 심박수와 혈압을 증가시키고, 근육으로 더 많은 혈액을 보내 우리 몸이 언제든지 용수철처럼 튀어 나갈 준비를 하게 만든다. 앞에 적이 있다면 이를 당장 제압하기 위해 곧바로 공격할 수도 있고, 만약에 내 목숨이 위험하다고 느끼면 바로 도망가게 하는 힘을 비축하는 것이다.

스트레스와 관련된 주요 호르몬인 코르티솔Cortisol이 있는데, 이는 화가 나는 상황에서 증가하게 된다. 우리 뇌가 '위기 상황'을 감지할 때 몸에 보내는 긴급한 신호이다. 예컨대 낯선 길을 가다가 갑자기 신체적인 위협을 느꼈을 때 우리 몸에는 코르티솔이 분비된다.

때론 꼭 신체적 위협이 아니라도 대인관계에서 모욕감을 느꼈거나, 내가 사실과 다른 일로 누명을 써서 억울함을 느꼈을 때도 마찬가지다. 오래된 영화이지만, 〈달콤한 인생〉에서 두목으로 나온 배우 김영철이 자신을 죽이러 온 배우 이병헌에게 "넌 나에게 모욕감을 줬어!"라고 말하는 장면이 있는데, 이게 이병헌의 코르티솔 분비에 단초 역할을 한 셈이다.

학문적으로 말하면, 심리적 스트레스가 코르티솔 분비를 촉진시켜 몸과 뇌를 각성시키는 역할을 한다. 특정 상황을 극복하기 위해 몸이 특정 시간에 많은 에너지를 쓰도록 유도하는 것인데, 자동차로 치면 큰 엔진을 달아 더 빨리 다른 차를 치고 나갈 수 있도록 하는 셈이다.

문제는 이런 각성 상태가 자주 일어나면, 즉 코르티솔이 자주 그리고 많이 나오면 몸 자체가 항상 긴장 혹은 각성된 상태에 있기 때문에 조그만 외부 자극에도 예민하게 반응할 수밖에 없다는 것이다. 즉, 일반적으로 보기엔 별거 아닌 일에도 과민하게 반응하는 현상이 나타나는데, 결국 호르몬적으로 말하면 코르티솔이 과다 분비된 상태라고 보면 된다. 바꿔 말하면, 선후가 어떻든 코르티솔 수치가 높을수록 작은 일에도 쉽게 화를 내고, 화를 참기도 어려워지게 되는 것이다.

생존의 위협을 수시로 받던 과거에는 실제 위험에 따라 코르티솔 분비가 늘었던 반면, 현대인은 조금 다른 방식으로 이 호르몬이 늘게 된다. 회사 일로 야근이 많고 잠이 부족해지는 생활이 반복되면서 결국 코르티솔 수치가 지속적으로 높은 상태를 유지하게 되는데, 화가 날 상황이 지속되는 셈이다.

"여보, 오늘 내가 친구 만나서 좀 늦을 것 같은데, 나 대신에 유치원에 ○○이 좀 데리러 가면 안 돼?"
"요즘 내가 야근 많이 하는 거 몰라서 하는 소리야! 친구랑 빨리 만나고 가서 데려와!"

굳이 이 상황을 호르몬적으로 이야기하면, 평소 야근 많은 남편이 아내가 모처럼 친구 만나서 밥 먹고 들어가려는데 코르티솔 수치 증가로 인해 야박하게 화를 분출하는 상황이라고 보면 된다.

코르티솔은 급박한 상황에 대비해 에너지를 빠르게 사용할 수 있도록 혈당 수치를 높이는 역할을 하고, 장기적으로는 면역체계를 약화시키게 된다. 전쟁을 오래 치른 나라에서 건강한 사람이 많지 않은 것, 스트레스가 높은 나라에서 화병이 많은 것 역시 우연찮은 결과인 셈이다.

낯선 이름일 수 있지만, 화와 관련된 또 다른 호르몬인 노르에피네프린Norepinephrine이 있다. 이 호르몬은 우리 몸의 주의력과 반응속도를 높이는 역할을 하는데, 화가 났을 때 노르에피네프린의 분비가 증가하여 뇌와 신체가 위협에 더욱 민감하게 반응토록 하는 것이다.

코르티솔이 큰 엔진을 단 차와 같다면 노르에피네프린은 자동차 '터보 부스팅'과 같아, 매우 빠르게 '확!' 다른 차를 제낄 수 있도록 에너지를 폭발시켜 준다. 적을 봤을 때 일시에 긴장해서 폭발적인 힘으로 적을 제압하는 상황, 예를 들어 경찰이 집 안에 있는 범인과 대치하다가 일시에 밀고 들어가 강력한 힘으로 제압할 때 나오는 호르몬이라고 할 수 있다.

때문에 갑자기 폭발적으로 화를 내는 상황이 연출된다면 이 호르몬 탓이라고 보면 된다. 길을 가다가 어깨를 부딪치거나, 상대방이 잘못해 내 물건을 떨어뜨렸을 때 등 다양한 상황에서 이른바 '급발진'하는 경우인데, 이건 바로 노르에피네프린 때문이다.

화는 우리 몸에
어떤 상처를 남기나

우리말에 울화병鬱火病이라는 게 있다. 화가 났는데 이게 제대로 배출이 안 됐거나 관리되지 못하면 울화가 생긴다. 국어사전에 보면, '억울한 마음을 삭이지 못하여 간의 생리기능에 장애가 와서 머리와 옆구리가 아프고 가슴이 답답하면서 잠을 잘 자지 못하는 병'이다. 바꿔 말하면, 화는 마음만 아프게 하는 것이 아니라 몸에도 독소로 작용하게 된다.

먼저 울화는 심혈관 질환의 위험을 높이는데, 화가 표출되면 우리 몸은 예나 지금이나 싸울 준비를 위해 혈관에 더 많은 혈액을 넣게 되며, 이렇게 되면 혈압이 올라가고, 혈압을 올리기 위해서는 심장이 더 빠르고 힘차게 펌프질을 하게 돼 심장에 무리가 가게 된다. 높은 혈압과 심박수의 지속은 심장마비와 뇌졸중 위험을 증가시키는데, 결국 화는 이런 기전을 통해 심장질환 위험을 높인다.

화는 심장뿐만 아니라 호흡기와 근육에도 악영향을 주게 된다. 화는 곧 전시 태세를 의미한다. 이때 우리 몸은 혈관에 더 많은 산소를 불어넣어 줘야 하는데, 그러려면 더 잦은 호흡을 통해 산소를 많이 흡입하려다 보니 호흡이 더 빨라질 수밖에 없다. 결국 호흡기에도 무리를 주게 되는 게 분노이다.

또한 화는 우리 몸 근육에도 직접적인 영향을 미친다. 즉, 싸울 준비를 위해 근육이 긴장하게 된다. 등줄기가 뻣뻣해지고 어깨가 솟구치고 주먹도 단단하게 쥐어진다. 수천 년 우리 몸에 있던 야생성이 나도 모르게 되살아나는 셈이다.

문제는 옛날에야 실제 전투를 통해서 화가 몸 밖으로 표출되었지만, 요즘은 그런 경우가 거의 없다는 것이다. 옛 우리 조상과 달리 우리 몸에 화가 쌓이고, 그 근육의 긴장은 풀리지 않은 채 몸에 그대로 남게 된다. 이게 문제다. 근육의 긴장이 지속되면 혈류 흐름이 제한되고, 산소 공급이 줄어들며, 결국 통증과 피로감을 유발한다. 대표적인 것이 어깨 결림, 목 통증, 턱관절 이상, 만성 두통 같은 증상들이다. 우리 현대인들, 특히 직장인들이라면 누구나 하나쯤 갖고 있는 질병이다. 통증의학과가 반성하는 이유다.

게다가 이런 긴장은 단순히 한 부위에만 국한되지 않는다. 전신이 미세하게 긴장한 상태가 지속되면 수면의 질도 떨어지게 된다. 소화기관에도 독소처럼 작용하는데, 우리 몸은 위협적인 상황에서는 몸에 에너지를 보존하기 위해 소화 활동을 일시적으로 스스로 감소시킨다. 전투에 싸울 에너지 비축을 위해 몸 스스로가 덜 급한 활동은 미루는 셈인데, 소화기관이 활동을 왕성하게 하지 못하면 어떻게 될까? 결국 화가 나는 일이 자주 발생하면, 스트레스가 쌓이고, 이는 결국 위장장애나 소화불량 등을 불러일으키게 된다.

또한, 화가 나면 혈액이 피부 표면으로 몰리면서 얼굴이 붉어지거나 땀이 증가한다. 앞서 언급한 것처럼 전투태세로 돌입하면서 심장에서 더 많이 뿜어낸 피는 우리 몸의 내부 장기보다는 근육과 피부로 몰리게 되면서 이처럼 얼굴이 울그락붉으락해지는 것이다. 그래서 표정은 못 속인다는 얘기가 나오는 것이다.

화나는 상황이 잦아지면 피부 모세혈관이 자주 확장되고 수축해 피부 자극에 민감해지며, 장기적으로는 안면홍조나 만성두통, 수면장애로 이어질 수 있다. 또한 땀분비가 증가하면 몸속 전해질 균형이 깨지면서 피로감이 심해지고 면역력도 저하된다. 감정 하나가 몸 전체를 지치게 만드는 셈이다.

결국 화는 내 얼굴을 훼손시키는 작용을 한다. 얼굴이 자주 화끈 달아오르는 경우 처음엔 단순히 열이 받는 정도였지만 점차 얼굴이 붉어지는 일이 잦아지고, 잠을 제대로 못 자는 날이 많아진다. 병원을 찾는다면 '스트레스성 안면홍조'와 '만성 긴장성 두통' 진단을 받기도 한다. 화를 조절하지 못하면 마음뿐 아니라 몸도 서서히 병들기 시작한다는 증거이다.

더 큰 문제는 이런 신체적 반응이 화를 관리하지 못한 가운데 무의식적으로 반복되면 '화내는 몸'이 내 안에서 자연스럽게 자리를 잡는다는 점이다. 작은 자극에도 어깨가 움츠러들고, 턱이 굳고, 주먹이 쥐어지며, 몸은 자동적으로 '화내는 자세'를 취한다. 결국 내 몸이 '화내는 몸'으로 바뀌고, 그게 고착화될 경우 내 얼굴과 몸이 이젠 그런 모습으로 익숙해져, 급기야는 '화내는 인상'이 굳어지는 상황으로 연결된다. 40세 이후 얼굴은 부모님이 아니라 내 책임이라는 옛말이 틀린 게 아니다.

특히, 화는 단지 감정의 문제로 끝나지 않는다. 반복되는 분노는 뇌의 작동 방식 자체를 서서히 바꿔 버린다. 우리가 화를 느낄 때 가장 먼저 반응하는 부위는 편도체다. 편도체는 뇌 깊숙한 곳에 자리한 감정 센터로, 위협이나 불쾌한 자극을 감지하면 즉시 위험이라는 경보를 울린다. 말하자면, 감정적 반응의 시작 버튼 같은 존재다.

반면, 전전두엽은 뇌의 앞쪽에 위치한 '이성의 사령탑'이다. 우리는 전전두엽을 통해 감정을 억제하고, 상황을 판단하며, 합리적으로 행동할 수 있다. '지금은 참아야 해', '지금 화내면 손해야' 같은 생각은 이 부위가 담당하는 기능이다.

하지만 문제는 이 두 부위의 균형이 무너질 때 생긴다. 화를 자주 내면 편도체가 과도하게 활성화되고, 전전두엽의 활동은 상대적으로 억제된다. 즉, 감정 경보가 너무 자주 울리다 보니 뇌는 점점 이성보다 감정의 우선순위를 높게 두기 시작하는 것이다. 감정을 조절하고 판단해야 할 전전두엽은 뒷전으로 밀려나고, 편도체가 뇌 전체를 지배하게 된다.

결국 이 같은 편도체의 과도한 뇌 지배는 우리가 합리적 사고와 의사결정을 하지 못하게 만든다. 일반 개인도 문제지만, 비즈니스 상황에서는 개인의 문제로 끝나지 않는다. 예를 들어 〈인사이드 아웃〉 영화처럼 설명한다면, 대표님 측근인 '편도체 부장'은 매일 회의에서 감정적으로 반응하며 회사 분위기를 주도하고, 그렇지 않은 '전전두엽 이사'는 점점 말을 아끼고 구석에 앉아 버리는 것과 같다. 결국 회사 전체가 감정적으로 운영되기 시작하고, 생산성은 떨어진다.

우리 뇌도 마찬가지다. 감정이 나의 중심이 되기 시작하면 판단력과 자제력, 논리적 사고는 점점 줄어든다. 화가 반복되면 뇌는 화내는 쪽으로 익숙해지고, 이성적인 대응은 점점 어려워진다. 결국 우리는 '화에 익숙한 뇌'로 바뀌게 되는 것이다. 이렇게 되면 화는 내 몸과 마음뿐만 아니라, 화의 표출을 통해 내 주위에도 악영향을 주게 된다.

3.
살기 위한 화,
살아남은 화

인류 진화에서 살기 위한 화

우리는 흔히 분노를 부정적인 감정으로만 생각한다. 누군가가 화를 내면 "왜 그렇게 예민해?"라며 비난하거나, '화를 참아야 한다'는 식의 조언을 떠올리기 쉽다. 하지만 인류의 긴 진화 과정을 들여다보면, 분노는 단순히 억눌러야 할 감정이 아니라 인간이 생존하고 번영하는 데 필수적인 생존 도구였다.

초기 인류가 살아가던 원시 환경은 지금과는 비교할 수 없을 만큼 험난하고 각종 위협으로 가득했다. 죽느냐, 사느냐가 하루하루 생활의 연속이었다. 집단생활을 통해 결속력을 강화하기 전에는 더욱 심했다. 맹수로부터 공격, 살을 에는 듯한 혹독한 추위, 남자들이 나가서 멧돼지 한 마리를 잡아 오지 못하면 일주일을 굶어야 했던 상황, 다른 집단과의 피비린내 나는 싸움 등 하루하루가 생존을 위한 전쟁이었다.

이때 분노는 위험에 맞서기 위한 즉각적이고 강력한 방어 수단이었다. 어떻게 보면 분노해야 생존할 수 있었던 시대였다. 대표적인 예가 영역 침범에 대한 반응이다. 자신이 거주하던 지역이나 사냥터에 낯선 존재가 접근하면 뇌는 이를 위협으로 인식했고, 곧바로 분노 반응을 일으켰다. 이는 단순한 감정적 격분이 아니라, 그 상황을 돌파하기 위한 에너지와 집중력, 용기를 제공하는 생물학적 반응이었다.

분노는 싸움에 필요한 신체의 긴장을 유도하고, 통증에 대한 민감도를 낮췄다. 마치 차력사가 자기 팔에 긴 바늘을 통과시키기 전에 화난 표정으로 엄청난 기합을 주는 것과 같다. 이런 분노는 공격적 행동을 정당화하는 심리적 기반을 제공했다. 즉, 분노는 몸을 전투 모드로 바꾸는 강력한 스위치였던 셈이다.

또한 화는 생존의 관점에서 자원을 확보하고 지키는 데도 핵심적인 역할을 했다. 원시 사회에서 물, 식량, 거주지 같은 자원은 내 목숨이었다. 한정된 자원을 지키기 위해 칼부림은 당연하였고, 싸움이 확대되면 한 마을이 통째로 없어지는 일도 있었을 것이다. 이런 경쟁 상황에서 분노는 나와 가족, 그리고 우리 집단을 지키는 힘의 원천이었다.

예컨대, 다른 부족이 사냥터에 침범하거나 식수원을 빼앗으려 할 때, 화의 표출은 구성원들에게 '이건 절대 넘길 수 없는 것'이라는 강한 확신을 심어 주고, 그에 걸맞은 행동을 끌어냈다. 이처럼 분노는 자기 보호뿐만 아니라 집단 보호의 본능과도 연결되어 있었다.

흥미로운 점은 화가 단순히 외부로 향하는 공격성만을 위한 감정이 아니었다는 사실이다. 인류는 사회적 동물이고, 생존을 위해 협력과 조직화가 필수적이었다. 이 과정에서 화는 집단 내부의 질서를 유지하고 규범을 세우는 감정적 장치로도 작동했다. 어떤 구성원이 공동의 약속을 어기거나 규칙을 무시했을 때 다른 구성원들이 이에 대해 화를 표현함으로써 그 규칙이 중요하다는 사실을 강화하는 효과가 있었다.

이런 예는 인류에게서만 관찰되는 것은 아니다. KBS 〈동물의 왕국〉에서 종종 목격되는 장면인데, 동물들도 그 구성원이 내부 규칙을 따르지 않았을 때 엄청난 포효와 함께 규칙을 어긴 구성원을 내치는 경우도 있다. 즉, "우리는 이 규칙을 지켜야만 함께 살아갈 수 있다."라는 무언의 메시지를 분노라는 감정으로 전달한 것이다. 화의 표출은 그 자체로 사회적 신호였고, 그 신호를 통해 집단은 결속력을 유지할 수 있었다.

오늘날 우리는 더 이상 맹수와 싸우거나, 물을 두고 부족 간에 다투지는 않는다. 그러나 우크라이나 전쟁 상황에서 보듯, 광물자원과 에너지를 두고 나라 간의 국익 챙기기는 과거 부족 싸움과 별반 다르지 않다. 우리의 뇌와 신체는 여전히 수만 년 전 원시시대의 설계도를 기반으로 작동하고 있다.

그래서 직장에서의 부당한 대우, 가족 간의 갈등, 교통 체증 같은 비교적 작은 자극에도 우리는 쉽게 분노를 느끼고, 때론 이를 강력하게 표출함으로써 우리의 뜻을 전달한다. 이 감정은 원래 우리의 생존을 지켜 주던 본능의 흔적이자, 아직도 우리 안에 깊이 새겨진 고대의 방어기제인 것이다.

중요한 점은 이 감정을 억누르거나 무시하는 것이 아니라, 이해하고 다스리는 방법을 익히는 것이다. 화는 적이 아니다. 오히려 그것은 우리가 위협에 맞서 싸울 수 있도록 진화가 마련해 준 정교한 생존 시스템이다. 다만, 그 분노를 어디에, 어떻게 사용하느냐에 따라 그것은 무기가 되기도 하고 관계를 지키는 방패가 되기도 한다. 때론 나와 우리 사회를 멍들게 하는 요소로 작용할 수도 있다.

또한 화는 도덕과 정의의 기초를 세우는 감정이기도

했다. 사람은 누군가가 부당한 대우를 받을 때, 직접 피해자가 아니어도 함께 화를 낸다. 공정하지 않은 상황에 자연스럽게 분노를 느끼는 것은, 진화 과정 속에서 도덕적 직관이 감정과 연결되었기 때문이다.

집단 안에서 규칙을 어기거나 타인의 권리를 침해하는 이가 있을 때, 그것을 '그저 지나치는 것'보다 '분노하는 것'이 공동체 유지에는 훨씬 효과적이었다. 분노는 규칙을 어긴 이에게는 경고가 되었고, 다른 구성원에게는 정의가 살아 있음을 보여 주는 감정적 신호였다. 이러한 맥락에서 분노는 단순한 감정이 아니라, 도덕 감각의 표현이자 공동체 규범의 수호자였다. 말하자면, "무엇이 옳은가?"를 감정적으로 느끼고 표현하게 해주는 본능이었다.

더 흥미로운 점은 인간은 타인을 대신해 화를 낼 수 있다는 것이다. 피해자가 아닌 제3자가 불공정한 장면을 보고 분노하는 일은 인간 외의 다른 동물에게서는 거의 관찰되지 않는다. 이는 화는 단순한 '나'의 감정을 넘어서, '우리'라는 연대의식에서 출발한다는 증거다.

공동체 안에서 '정의로운 분노'는 오히려 신뢰와 존경을 받는 계기가 되었으며, 그런 감정을 표현할 줄 아는 이들은 지도자가 되기도 했다. 미국의 마틴 루터 킹 목사, 김대중, 노무현 대통령 등 대부분이 그렇다.

결론적으로 보면, 화는 단순히 참아야 할 감정도, 무조건 억눌러야 할 문제도 아니다. 오히려 인간이 수만 년 동안 생존하고 협력하며 도덕적 기준을 세워 온 과정에서 매우 중요한 역할을 해 온 감정적 진화의 산물이자, 선물일 수도 있다. 이 감정 덕분에 인간은 위협에 맞설 수 있었고, 집단을 하나로 묶을 수 있었으며, 정의로운 질서를 유지할 수 있었다. 화는 때로 파괴적이지만, 올바르게 이해되고 다뤄질 때 인간 사회를 지탱하는 가장 강력한 감정 중 하나로 작용하는 것이다.

현대사회에 살아남은 화

수만 년 전, 인간은 야생에서 살아남기 위해 매 순간 몸과 감정을 총동원해야 했다. 화는 그중에서도 가장 빠르고 강력한 반응이었다. 위험에 직면했을 때 화는 우리 몸을 긴장시키고, 집중하게 만들며, 싸움이나 도망이라는 의사결정을 실행할 수 있게 해줬다. 분노는 생존을 위한 무기이자 방패였고, 그 역할은 명확하고 직관적이었다.

그러나 오늘날, 우리가 살아가는 현대사회는 완전히 다르다. 물리적 생존의 위협은 대부분 사라졌고, 우리는 전혀 다른 방식으로 살아간다. 하지만 여전히 화는 우리 안에 존재한다. 인류 역사 600만 년간 우리 몸에 유전자로 쌓여 온 화가 길어야 몇 천, 몇 백 년간 지금처럼 살아왔다고 해서 바뀌지 않기 때문이다. 그렇다면 지금 이 시대의 화는 어디에 쓰이고, 어떻게 작동하고 있을까?

현대사회의 가장 큰 변화는, 위협이 물리적인 형태에서 심리적이고 사회적인 형태로 바뀌었다는 점이다. 맹수나 외부 부족의 침입은 더 이상 우리의 분노를 자극하지 않는다. 그런 침입도 없을뿐더러, 인류의 힘이 크게 팽창하면서 인간 스스로를 제외한 위협적인 것들은 모두 별도로 가두어 놓았거나, 심지어는 많은 동물들이 멸종되었다. 물론 전쟁과 테러 등 여러 재난이 여전히 존재하지만 말이다.

대신에 이제 위협은 주로 인간들끼리 주고받는다. 산속에서도, 길거리에서도 맹수들은 사라지고 사람들끼리만 남은 셈이다. 이런 관계 속에 사람들은 모욕적인 말 한마디, 누군가의 무례한 태도, 배신, 불공정한 대우에 깊은 분노를 느낀다. 즉, 이제 화는 맹수 앞에서 눈앞의 생존보다 내 마음속의 가치와 자존심이 위협받을 때 생겨난다. 강을 사이에 둔 두 부족의 싸움 같은 게 아니라, 현대인의 화는 이전보다 훨씬 더 복잡하고, 더 미묘한 자극에 의해 유발된다.

이러한 변화는 분노의 표현 방식에도 영향을 준다. 과거의 분노가 신체적 공격이나 행동 중심의 방어로 나타났다면, 현대의 화 표출은 훨씬 더 언어적으로 혹은 비언어적인 방식으로 드러난다. 예를 들어 대화 중의 날카로운 어조, 무시하는 눈빛, 차가운 침묵, 혹은 온라인 공간에서의 댓글 공격 등이 그 예다.

어떤 사람은 말로 상대를 몰아세우고, 다른 이는 아무 말도 하지 않음으로써 상대에게 감정적인 고통을 준다. 현대의 화는 이전보다 더 세련된 방식으로 변형되었지만, 그 파급력은 예전보다 훨씬 크기도 하다. 대표적인 이유가 디지털 커뮤니케이션 방식의 발달 때문이다. 화의 전달 속도가 과거에 비하기 어려울 정도로 빠르다. 화를 내서 싸우기도 훨씬 쉬워졌고, 불특정 다수가 한 사람에게 분노를 몰아치는 것도 더욱 강력하게 가능해졌다.

실제로 사람들은 마주 보는 것보다 익명성을 앞세워 스크린 속에 숨어서 더 자주 화를 낸다. 소셜미디어 등 온라인상에서 사소한 말 한마디가 불씨가 돼 감정의 폭풍을 불러오기도 하고, 커뮤니티에서는 익명의 뒤에 숨은 분노가 집단적인 혐오로 증폭되기도 한다. 현대사회에서의 화는 즉각적이고 감정적인 반응을 빠르게 증폭시키는 기술적 환경 속에서 증식되는 게 현실이다.

문제는 이처럼 빠르고 자극적인 환경이 분노의 '정당성'보다 '속도'와 '파급력'을 우선시하게 만든다는 점이다. 그 결과, 우리는 종종 분노를 표현하는 것이 아니라 쏟아 내는 방식으로 대응하게 된다. 특히, 온라인에서 특정인을 향해 표출되는 댓글 등은 그 위험 수위를 넘어선 지 오래다. 네이버 등 일부 포털사이트에서는 연예뉴스 등에 대해 댓글을 막아 놓았지만, 여러 경로를 통한 '인신 공격성 화풀이'는 지속되고 있다. 심지어 인기 연예인이 극단적 선택까지 하는 문제가 있을 정도다.

하지만 현대의 분노가 언제나 부정적인 것만은 아니다. 때로는 집단적인 분노가 사회를 바꾸는 동력이 되기도 한다. 환경 파괴에 분노한 이들이 기후변화 저지 운동을 시작하고, 인종차별과 성차별에 분노한 이들이 거리로 나서며, 불평등과 부당함에 맞서 시민들이 목소리를 낸다. 우리나라 역사에서 이런 경우가 적지 않다. 1960년도 3·15 부정선거로 인한 분노가 4·19 혁명을 만들었고, 1980년도 5·18 광주민주화운동이 그랬다.

최근의 일이지만, 지난 2024년 12월 3일 당시 윤석열 대통령의 계엄 선포에 대한 후폭풍 역시 분노의 집단 표출이었다. 이는 화가 단지 파괴적인 감정이 아니라, 사회적 책임과 정의감에서 비롯된 감정일 수 있다는 것을 보여 준다. '분노의 연대'는 현대사회에서 불의에 대한 경고이자, 변화를 이끌어 내는 원동력으로 작용한다. 이는 전 세계적으로 인류가 갖고 있는 동일한 감정, 화에서 비롯된 것이다.

그럼에도 불구하고, 현대인의 분노가 늘 건설적인 방식으로 표출되지는 않는다. 오히려 원하지 않는 비생산적인 방식으로 분노를 다루는 경우도 급증하고 있다. 예를 들어, 교통체증 속에서 벌어지는 이른바 '로드 레이지Road Rage'는 불만과 짜증이 폭력적인 방식으로 분출되는 극단적인 예다. 접촉사고로 인한 분쟁이 커져서 급기야 폭력사태까지 불러오는 경우도 적지 않다.

아파트 층간소음이 살인사건으로 이어지기도 한다. 고성이 오가다 흉기를 가져와 상대방을 공격해 살인사건까지 일어나는 경우를 뉴스에서 볼 수 있을 정도다. 또한 직장 내 갈등, 가정 내 사소한 말다툼, 타인의 실수에 대한 과잉 반응 등도 분노가 제대로 다뤄지지 못한 결과다.

4.

화 다루는 게
능력인 현대사회

해소되지 못한 감정

원시시대엔 불을 발견해서 그걸 관리할 수 있는 게 힘이었다. 불을 언제든지 필요할 때 만들 수 있고, 그 불이 우리를 공격하지 않으면서 내가 필요할 때 쓸 수 있도록 관리하는 자가 리더였다. 짐승으로부터 가족과 마을을 보호하고, 때론 그 불로 고기를 익혀 먹으면서 오늘날의 인류가 발전하기 시작했다.

이제는 불도 잘 다뤄야 하지만, 불보다 화를 더 잘 다룰 줄 알아야 한다. 여전히 우리에게 필요한 감정이지만, 문제는 그 화를 다루는 능력이 과거보다 더 중요해졌다는 데 있다. 왜 그럴까?

첫째, 우리를 둘러싼 사회 환경이 원시시대에 비해 너무나 달라졌다. 예전에는 화가 나면 즉각적으로 신체적인 행동으로 표출될 수 있었고, 그것이 위협을 해결하거나 갈등을 단순화하는 데 일정 부분 기여했다. 하지만 지금은 그렇지 않다. 우리가 사는 현대사회는 규범과 제한이 많은 공간이다. 직장, 가정, 학교, 온라인 커뮤니티 등 대부분의 인간관계는 일정한 사회적 규칙과 기대 안에서 유지된다. 그 안에서 화를 있는 그대로 폭발시키는 것은 대개 관계를 파괴하거나, 사회적 불이익으로 이어진다. 즉, 화를 느끼는 것은 자연스럽지만, 표현 방식에 고도의 판단과 자제가 필요하다.

둘째, 우리는 이제 화를 해결하는 방식보다 관리하는 방식을 요구받는다. 예전에는 화의 대상이 분명했고, 해소도 상대적으로 단순했다. 하지만 현대의 분노는 복잡한 인간관계, 사회구조, 디지털 환경 속에서 유발되며, 분노의 뿌리를 파악하고 제대로 표현하는 것이 훨씬 어려워졌다. 잘못된 방식의 분노 표출은 자신뿐 아니라 타인의 정신건강까지 크게 해칠 수 있는 시대가 된 것이다.

셋째, 지금은 '화를 잘 다스리는 사람'이야말로 관계를 지키고, 리더십을 발휘하며, 신뢰받는 사람으로 평가받는다. 특히 리더나 부모, 교사처럼 타인에게 영향을 주는 위치에 있는 사람은 화 자체보다 '화에 대처하는 태도'로 평가받는 시대에 살고 있다. 감정을 통제할 줄 아는 사람은 성숙한 사람으로 보이지만, 감정에 휘둘리는 사람은 위험하거나 미성숙하다고 간주된다. 시대가 요구하는 것은 화를 잘 관리할 줄 아는 인간인 것이다.

마지막으로, 가장 중요한 이유 중 하나는 기술의 발전이다. 기술의 발전은 분노의 폭발을 더욱 빨리 확산할 수 있도록 발판을 제공했다. 예전에는 덧셈으로 화가 가중됐다면 지금은 곱셈, 아니, 기하급수적으로 폭증하고 있다. 과거 한 사람의 분노가 한 사회, 나아가 전국적으로 번지려면 한 달, 아니, 1년이 걸렸을 수도 있지만, 지금은 하루면 족하다. 예전에는 개인의 화가 그 사람 선에서 끝났다면, 지금은 SNS나 온라인 커뮤니티를 통해 한 사람의 분노가 순식간에 수백, 수천 명에게 바이러스에 감염되듯 전파된다. 즉, 지금의 분노는 개인 차원을 넘어 사회적 영향력을 가진다. 그렇기에 우리는 더더욱 스스로의 감정을 관리하고, 사회적 파급효과까지 고려할 줄 알아야 한다.

현대사회는 겉으로 보기엔 잘 정돈되어 있고, 누구나 일정한 틀 속에서 일상을 살아가는 듯 보인다. 하지만 그 이면에서는 감정의 고립과 정서적 단절이 점점 깊어지고 있다. 그 이유는 무엇일까? 우리는 점점 더 혼자 있는 시간을 늘려 가며, 말하지 않고 견디는 방식으로 감정을 처리하는 경우가 잦아지고 있다. 사람들은 화를 '표현'하는 대신에 '억제'하는 쪽을 택하게 된다. 문제는 이러한 감정

억제가 곧 분노의 축적으로 이어진다는 데 있다.

예전에는 마을 공동체나 가족, 친지, 이웃과의 끈끈한 관계 속에서 감정이 자연스럽게 나누어졌다. 불만이 있으면 누구에게든 털어놓을 수 있었고, 슬픔이나 분노 역시 공동체 안에서 공감과 위로를 받으며 해소되었다. 하지만 지금은 다르다. 도시화, 핵가족화, 디지털 중심의 삶은 사람 사이의 물리적·정서적 거리를 넓혔다. 사람들은 과거에 비해 누구보다 많은 사람들과 연결돼 있지만, 정작 자신의 감정을 나눌 수 있는 사람은 거의 없다.

그 결과, 감정은 표현되지 못한 채 내면 깊숙이 갇히게 된다. 그리고 그렇게 갇힌 감정 중 대표적인 것이 바로 '화'다. 이 분노는 무의식적으로 쌓여 '정서적 압력'으로 전환되면서 마치 휴화산처럼 존재한다. 분노는 억눌릴수록 사라지는 것이 아니라, 마치 압력솥처럼 쌓이다가 예상치 못한 순간에 폭발하고 만다. 그 폭발은 종종 사소한 일에 과하게 반응하는 형태로 나타나며, 심한 경우 정신적 탈진, 우울증, 공격성 증가로 이어진다.

더불어, 현대사회는 감정을 드러내는 것에 대한 불안과 부담이 크다. 감정을 솔직히 표현하면 '예민하다', '감정 조절을 못 한다'는 평가를 받을까 두려워 말하지 않게 된다. 직장에서, 학교에서, SNS에서 우리는 감정을 표현하기보다 숨기고 관리하는 데 더 많은 에너지를 쏟는다. 게다가 SNS에서 다른 사람의 성공, 웃음, 행복을 보면서 나의 부족함과 소외감은 더 자극받게 된다. 그렇게 억눌린 감정은 마음의 병으로 번지기도 하고, 예기치 못한 타인에 대한 분출로 나타나기도 한다.

지금은 많은 이들이 고립된 상태에서 혼자 분노를 감당해야 하는 경우가 적지 않다. 이처럼 구조적으로 해소되지 못한 분노는 개인의 정신건강에 악영향을 줄 뿐 아니라, 사람과 사람 사이의 불신과 갈등을 증폭시키는 기폭제가 된다. 한 사람의 마음속에서 시작된 감정이, 때론 사회 전체의 불안정성을 높이는 결과로 이어지기도 한다.

결국, 현대사회에서의 분노는 과거와는 다른 방식으로 존재하고 있다. 전에 비해 그 형태와 작동 방식, 그리고 해소 경로가 달라졌을 뿐이다. 이제 우리는 분노를 단순히 참는 것이 아니라, 어떤 분노는 공감하고, 어떤 분노는 제어하고, 어떤 분노는 변화된 감정으로 바꾸는 지혜가 필요하다. 분노는 여전히 우리 안에 살아 숨쉬며, 지금 이 시대를 움직이는 감정이다. 다만 그것이 삶을 무너뜨릴지, 사회를 바꿀지는 우리 손에 달려 있다.

때론 오작동하는 분노

원시시대의 분노가 생존을 위한 정교한 방어 시스템이었다면, 오늘날의 분노는 그 기능이 종종 잘못 발휘되거나, 아예 방향을 잃고 오작동하는 경우가 많다. 고속도로에서 끼어든 차량에 경적을 길게 울리거나, 사소한 댓글에 격한 말로 맞받아치거나, 회사 회식 자리에서 억눌렀던 감정을 갑자기 폭발하는 모습이 모두 그런 예다. 분노는 여전히 강력한 감정이지만, 지금은 그 감정이 작동하는 '환경'이 완전히 달라졌기 때문이다.

우선, 현대인은 실제적인 생존 위협이 아닌, 심리적·사회적 위협 속에서 분노를 경험한다. 예전에는 누군가가 나를 직접 때리거나 내 음식을 뺏을 때 분노가 발동했다면, 지금은 상대의 말투, 표정, 문자메시지 한 줄, 심지어 SNS에 올라온 타인의 삶에 비교하며 화를 낸다. 문제는 우리의 뇌가 이처럼 실질적인 위협이 아닌 '해석된 위협'

에도 똑같이 반응한다는 것이다. 즉, 상사가 날 무시하는 것처럼 느껴지거나, 내 의견이 그룹 채팅에서 무시당했다고 생각되는 순간, 뇌는 이 상황을 '공격받았다'고 판단하고 분노 시스템을 작동시킨다. 그 즉시 교감신경이 활성화되고, 심장이 빨리 뛰며, 얼굴이 붉어지거나 손에 땀이 나기도 한다. 이 반응은 원시 시절엔 창을 들고 사냥할 준비로 이어졌지만, 현대에서는 그럴 수 없기에 억누른 채 내면에 쌓이거나 엉뚱한 방향으로 분출된다.

게다가 현대사회는 분노를 분출할 수 있는 건강한 출구가 점점 더 제한되고 있다. 짜여진 시간 속에서 직장생활을 해야 한다. 시간이 좀 있으면야 운동을 통해 스트레스를 해소하기도 하겠지만, 현실은 그렇게 녹록지 않다. 페이스북이나 인스타그램에 올라온 온라인 친구들의 이야기가 내 현실과는 적지 않게 다르다. 모두 좋은 것들만을 올리니 모두가 좋은 것 같지만, 실상은 그렇지 않다. 자산만 인플레이션이 되는 게 아니라, 비교 대상도 모두 인플레되는 경우가 많다. 그래서 현대인은 이전보다 더 화를 많이 낼 상황에 놓이지만, 더 많이 참고, 더 깊이 지치게 된다. 이런 상황에서 분노는 해소되지 않은 채 마음속에 남게 되고, 그 감정은 스트레스로 이어진다.

또 다른 이유는, 정보 과잉과 감정의 과열이다. 우리는 하루에도 수십, 수백 개의 뉴스, 댓글, 메시지, 영상 속에서 타인의 감정과 의견에 노출된다. 과거에는 가까운 가족이나 동료와의 관계 안에서 감정이 오갔지만, 지금은 수천 명의 타인과 가상의 공간에서 끊임없이 충돌하고 비교당한다. 이러한 환경은 분노를 자극하고, 감정의 민감도를 더욱 높이고 있다.

더 심각한 문제는 이처럼 자주 분노하게 되면 뇌는 그 감정 패턴에 익숙해지는 경향이 있다는 점이다. 뇌는 반복되는 감정을 효율적으로 처리하기 위해서 감정 회로를 고정시키고, 비슷한 자극에 더 빠르고 강하게 반응하도록 재구성된다. 이렇게 만들어진 '화내는 뇌'는 더 사소한 일에도 분노를 느끼고, 그 감정을 제어하지 못한 채 행동으로 옮기게 만든다. 말하자면, 감정이 내 삶을 조종하는 상태에 이르는 것이다.

현대사회는 물리적으로는 안전하지만 심리적으로는 비교, 압박, 소외, 억압 속에 놓여 있다. 문제는 이러한 심리적 스트레스가 분노를 유발하고, 그 분노가 다시 건강과 사회적 신뢰를 해치는 악순환으로 이어진다는 점이다. 작금의 우리나라 상황도 이런 '화의 악순환'의 단면도일 수 있다. 보수와 진보 가릴 것 없이 어느 한쪽도 양보하지 않고 자신의 프레임 속에서 평행선을 달리고, SNS

나 유튜브 등 소셜미디어를 통해 이를 부추기는 상황이
확대 재생산되고 있는 것이다.

바꿔 말하면, 우리 몸과 뇌는 여전히 수만 년 전 생존
을 위한 설계도로 작동하고 있지만, 우리가 사는 세상은
완전히 다른 설계도처럼 변해 버렸다. 그 결과, 분노는
방향을 잃고 여기저기서 충돌하며 자기 자신과 주변을
상처 내는 무기가 되기도 한다. 때문에 우리는 이제 이런
분노를 단지 억제하는 것이 아니라, 그 감정이 언제, 어
떻게, 왜 작동하는지를 이해하고 조율해야 한다. 원시시
대의 분노가 창이자 방패였다면, 현대인의 분노는 복잡
한 감정의 회로 속에서 길을 잃은 신호와 같다. 이제 그
신호를 무시하거나 두려워할 것이 아니라 읽고 해석하
고, 다시 설계하는 법을 배워야 할 때다.

가장 간단한 방법은 '감정은 자연스러운 것, 화도 자연
스러운 것'이라고 인정하는 것에서 출발한다. 기쁘면 웃
고, 슬프면 울고, 억울하면 화를 내는 것이다. 그러나 오
늘날 우리는 감정을 표현하는 것보다 억누르고 숨기는
법을 더 많이 배우며 자란다. 누군가에게 불편한 감정을
드러내면 '예민하다'는 평가를 받을까 봐 조심하고, 감정
을 드러내기보다는 괜찮은 척하는 것이 미덕처럼 여겨진
다. 하지만 억눌린 감정은 사라지지 않는다. 마음속 어딘

가에 남아 있다가, 어떤 날은 조용히 우리를 지치게 만들고, 어떤 날은 예상치 못한 방식으로 폭발한다. 그렇다면 우리는 어떻게 해야 감정을 건강하게 해소할 수 있을까? 감정을 없애는 것이 아니라, 제대로 다루고 풀어낼 수 있는 방법이 필요하다. 감정은 '관리'의 대상이 아니라 '소통'의 대상이다.

우리가 감정을 다스리려 할 때 가장 먼저 해야 할 일은 그 감정을 있는 그대로 인정하는 일이다. "내가 지금 화가 났구나." "이건 정말 속상한 일이야." 그렇게 말하는 순간, 감정은 이미 반쯤 정리되기 시작한다. 많은 사람들이 착각하는 것이 있다. 감정을 표현하면 문제가 생길 것 같고, 참으면 괜찮아질 것 같다는 생각이다. 하지만 진짜 문제는 감정 그 자체가 아니라, 표현되지 못한 감정이다. 감정을 건강하게 푼다는 것은, 그것을 누군가에게 안전하게 전달하는 것을 뜻한다.

나의 감정을 평가하거나 판단하지 않고 들어 줄 수 있는 사람과의 대화는 강력한 정서적 해소 수단이 된다. 대화 상대가 없다면 글쓰기나 운동, 예술적인 표현도 훌륭한 대안이 될 수 있다. 감정은 흐를 때 가장 잘 풀린다. 그 흐름은 말이 될 수도 있고, 글이 될 수도 있고, 혹은 땀과 호흡이 될 수도 있다.

또한, 감정을 건강하게 해소하기 위해서는 스스로 감정의 원인을 파악하려는 노력이 중요하다. 그 감정이 지금 상황 때문인지, 이전부터 쌓여 온 것인지, 혹은 전혀 다른 문제의 대리 감정인지 살펴보는 과정이 필요하다. 감정은 늘 직접적인 것만은 아니다. 어떤 감정은 누군가에게 향해 있지만, 사실은 나 자신에게 향하고 있는 경우도 있다.

마지막으로 중요한 것은 감정에는 '타이밍'이 있다는 사실을 기억하는 일이다. 아무리 정당한 분노라도, 타이밍을 잘못 맞추면 상대와의 신뢰를 깨트릴 수 있다. 반대로, 때를 잘 맞추면 감정 표현은 오히려 관계를 회복시키는 열쇠가 될 수 있다. 감정을 건강하게 푼다는 것은, 그저 울고 소리치는 것이 아니라, 나를 지키면서도 관계를 해치지 않는 방식을 찾는 것이다. 그건 훈련이 필요한 기술이기도 하고, 삶의 태도이기도 하다.

우리는 누구나 감정을 가지고 살아간다. 그러니 감정에 지배당하지 않기 위해서는, 감정과 함께 살아가는 방법을 배워야 한다. 그것은 스스로를 위해서도 필요하고, 우리가 연결되어 살아가는 이 사회를 위해서도 필요한 일이다.

화가 우리 삶에
미치는 영향

1.

화가 몸에 일으키는 변화

몸이 화나면
심장은 타들어 간다

"분노는 마음을 태우기 전에, 우리의 심장을 먼저 태우기 시작한다."

화를 내는 순간, 가장 먼저 반응하는 것은 얼굴이 아니다. 그보다 더 먼저 그리고 더 강하게 반응하고, 가장 고통받는 우리 몸의 기관은 바로 심장이다.

우리는 흔히 화를 단지 '기분 나쁜 상태'로 생각하지만, 실제로는 화가 날 때 심장은 단순히 기분이 아니라 생존 본능으로 작동한다. 심장은 내가 지금 숲속에서 살아남기 위해 달리던 그 원시시대인지, 아니면 그냥 혼자 흥분해서 마치 적이 있는 것처럼 여기는 현대인지 구분하지 못한다. 그저 뇌에서 신호를 주는 대로 동일한 상황으로 인식하고 작동한다. 때문에 화가 났을 때 우리 몸은 목숨을 건 사투의 순간처럼 지금을 '위험한 상황'으로 인식하고 곧바로 방어 태세에 돌입하는데, 그 중심에 있는 것이 바로 심장과 혈관이다.

그러면 왜 심장이 뛰고, 혈압이 오르고, 심박수가 치솟는 것일까?

누군가 나를 무시하거나, 혹은 내가 너무나 억울한 상황에 놓였다고 상상해 보자. 보통 사람들이라면 그 순간 숨이 가빠지고, 얼굴이 화끈 달아오르고, 가슴이 두근거리기 시작할 것이다. 이건 단순한 감정이 아니다. 이 순간 아드레날린과 코르티솔 같은 스트레스 호르몬이 대량으로 분비되며, 심장에 신호를 보낸다. "지금 싸울 준비를 하라!" 그래서 심박수는 빠르게 증가하고, 혈압도 함께 치솟는다.

이런 반응은 원시시대에는 생존에 도움이 되었을지 모른다. 하지만 지금 같은 현대사회에서 이 반응이 반복되면 심장은 계속 '비상상태'로 살아야 하며, 그 결과 고혈압, 혈관 손상, 심근경색의 위험이 증가하게 된다.

사례를 하나 들어 보자.

30년 동안 회사에서 적지 않게 스트레스를 받으며 일한 김 이사님. 작은 일에도 쉽게 분노를 터뜨리는 성격이었다. 부하직원의 실수, 고객의 불만, 아내와의 말다툼…. 그때마다 김 이사는 얼굴이 붉어지고, 말을 멈추지 못했다.

그렇게 살아온 그는 어느 날 갑작스럽게 가슴을 부여잡고 쓰러졌다. 병원에서는 심근경색_{심장 발작} 진단을 내렸다. 의사의 설명은 이렇다.

"고혈압, 고지혈증도 원인이지만, 지속적인 스트레스와 화가 심장에 큰 부담을 준 것 같습니다."

실제로 히버드대학 연구에 따르면, 화를 참지 못하고 감정 폭발을 자주 경험하는 사람은 그렇지 않은 사람에 비해 심장마비 위험은 5배, 뇌졸중 발생 위험이 3배가 높은 것으로 나타났다. 특히 화가 난 직후 2시간 이내에는, 평소보다 심혈관 사고가 급격히 증가한다는 연구결과도 있다. 화를 낼 때 분비되는 아드레날린이 혈압을 급격히 상승시키고, 심장의 펌프 작용을 방해하기 때문이다.

화는 단지 심장을 빠르게 뛰게만 하지 않는다. 심장이 불규칙하게 뛰게 만드는 부정맥의 원인이 되기도 한다. 극도의 분노나 불안 상태에서는 심장 전기 신호가 불안정해지고, 그 결과 심방세동_{불규칙한 심장 박동}, 심실성 부정맥 등과 같은 치명적인 리듬 이상이 발생할 수 있다. 특히 만성적으로 화를 잘 내는 사람일수록 이런 이상이 더 자주 나타난다.

다시 말해, 심장은 감정의 거울과 같다. 마음이 들썩이면 심장은 더 뛰기 시작하고, 마음이 휘몰아치면 심장은 그만큼 압박감을 더 받게 된다. 우리가 '가슴이 답답하다'고 하거나 '가슴이 철렁했다'는 표현을 자주 쓰는 이유는 단지 비유적 표현이 아니다. 실제로 감정이 격해질 때 심장은 그 감정을 물리적으로 '받아들이는' 기관이다.

또한 스트레스 상황에서는 혈관이 좁아지고, 혈류 속도가 불안정해지며, 혈전이 생기기 쉬운 환경이 조성된다. 이런 조건은 심장뿐 아니라 뇌혈관에도 영향을 미쳐, 뇌졸중 위험까지 증가시킨다.

그렇다면 어떻게 해야 할까? 가장 중요한 건, 화를 무조건 참는 것이 아니다. 화를 느끼는 것 자체는 자연스럽다. 하지만 그 화를 반복해서 '내면에 저장하거나, 격렬하게 폭발하는 방식'은 심장을 천천히 망가뜨린다. 화가 날 때 한 박자 늦게 숨을 쉬고, 그 감정을 있는 그대로 바라보는 연습이 필요하다. 때로는 마음을 내려놓는 것이 심장을 지키는 최고의 치료제가 될 수 있다.

화 잘 내면 몸이 더 아프다

화를 낼 때미다 내 몸속에서 무슨 일이 벌어질까? 사람들은 종종 화를 내는 걸 '스트레스 풀기'라고 말하기도 하지만, 실제로는 그 반대다. 화는 몸 안에서 조용히 그리고 끈질기게 면역체계를 약화시키는 감정이다.

우리가 분노를 느끼는 순간, 뇌는 즉시 '위기상황'으로 판단하고 몸 전체에 경고 신호를 보낸다. 그 결과, 코르티솔과 아드레날린 같은 스트레스 호르몬이 대량 분비되며 혈압을 올리고 심장 박동을 빠르게 만들고, 동시에 면역체계의 정상적인 작동을 방해하기 시작한다.

면역체계는 외부 바이러스나 세균으로부터 우리 몸을 지키는 방어막이다. 면역체계 방어막은 매우 섬세해서, 감정의 변화에도 쉽게 영향을 받는다. 코르티솔은 원래 염증을 조절하고, 일시적으로 에너지를 집중시키는 긍정적인 기능도 갖고 있다. 그러나 지속적인 분노나 억눌린 화로 인해 코르티솔이 과도하게 분비되면, 면역세포의 활동이 둔화되고, 백혈구 수가 감소한다. 결국 몸은 바이러스나 세균에 더 취약해진다.

즉 화를 자주 내면 면역력이 떨어지고, 이는 감기나 피부질환, 위염 같은 일상적인 질병부터 만성염증, 자가면역질환, 암 발생률 증가까지 폭넓은 건강 문제로 이어질 수 있다. "아무리 잘 먹어도, 자주 화내면 감기에 자주 걸리더라." 하는 경험을 해본 사람들이 많을 것이다.

40대 초반의 남성. 평소 좋게 말하면 건강 염려증이 있어서 늘 건강식만 챙겨 먹고, 운동도 꾸준히 하며 자신의 건강에 꽤 자신이 있었다. 그런데 몇 달 전부터 감기에 자주 걸리고, 입술에 헤르페스가 올라오고, 피부에도 이유 없는 두드러기가 나타나기 시작했다. 병원에선 면역력 저하로 인한 바이러스 감염이라고 했다.

'나는 늘 건강하게 사는데 왜 면역력이 떨어졌지?'

의사와의 상담 끝에 알게 된 사실은 의외로 단순했다. 그는 최근 직장에서 새로운 상사와 끊임없이 충돌하고 있었고, 하루에도 수차례 화를 참고 속으로 삭이고 있었다. 의학적으로 이를 해석하면, 결국 몸은 그것을 그대로 받아들였고 면역력이 서서히 무너지고 있었던 것이다.

억누른 화도 문제다. 화는 밖으로만 내는 게 위험한 게 아니다. 많은 사람이 '화를 내지 않는 것'이 곧 좋은 것이라고 생각한다. 그러나 화는 단지 폭발하는 감정만이 아니라, 조용히 축적되는 감정이기도 하다. 참고, 억누르고, 넘기는 것처럼 보여도 그 감정이 해소되지 않은 채 몸속에 남아 있다면, 면역체계는 그 긴장 상태를 계속해서 유지하게 된다. 그 결과, 면역세포가 피로해지고 과민 반응 혹은 무반응 상태에 빠지는 것이다. 이는 단순한 감기뿐 아니라 알레르기 악화, 아토피, 자가면역질환 등의 발현 가능성을 높이게 된다.

최근 심리면역학Psychoneuroimmunology 연구에서는 감정, 특히 '지속적인 분노'가 면역세포의 조절에 실질적인 영향을 준다는 사실을 확인했다. 바꿔 말하면, 우리가 느끼는 분노는 면역체계가 그대로 받아들이는 메시지라는 뜻이다. 화가 많을수록 몸은 "나는 지금 싸워야 해!"라는 신호를 계속 받아들인다. 그러면 실제로는 싸워야 할 적이 없어도 몸속 면역반응이 과도하게 반응하거나, 스스로를 공격하기 시작할 수 있다. 이것이 이른바 자가면역질환의 시작이기도 하다. 공격할 대상이 없는데도 스스로 몸에서 착각해서 자기를 공격하는 것이다.

면역을 지키는 가장 쉬운 길은 결국 감정의 균형이다.

물론, 음식을 잘 챙기고 운동을 하는 것도 중요하다. 하지만 아무리 좋은 건강 습관을 갖고 있어도 감정의 균형을 잃으면 면역은 쉽게 무너진다. 감정을 건강하게 해소하는 것이 바로 몸을 보호하는 일이다.

화를 피할 수 없다면, 화를 정리하고 내려놓는 방법을 배워야 한다. 나의 감정을 잘 다스리는 것이야말로 내 면역체계를 보호하는 것이고 내 몸을 간직하는 것이다. "감정이 나의 면역력을 좀먹고 있다."라는 표현은 그래서 매우 적절하다.

분노는 마음만의 일인 것 같지만, 그 여파는 우리 몸의 가장 깊은 곳까지 영향을 미친다. 화를 단지 '기분의 문제'로 여기지 말자. 그건 곧 내 몸을 지키는 면역 방패를 닳게 만드는 일일 수 있다. 그래서 옛말에 몸과 마음은 하나라는 것이 틀린 게 아니다.

단순하게 이야기하면 화를 잘 내는 사람은 상대적으로 동일한 건강 상태인 다른 사람에 비해 감기나 독감 같은 감염성 질환에 더 자주 쉽게 걸릴 수 있고, 자칫하면 수명 단축까지 가져올 수 있다는 것이다. 물론 다른 질병에도 취약하긴 마찬가지다.

울화병 관리 안 되면
수명 줄어든다

옛날 어르신 말씀이 틀린 게 없다고 하는데, 정말 생활의 지혜이고 사실이다.

"화를 꾹 눌러 참았더니 속이 쓰리다."

"분해서 밥이 안 넘어간다."

"속이 부글부글 끓는다."

이런 표현들은 단순한 비유가 아니다. 실제로 우리의 감정, 특히 '화'는 소화기관에 직접적이고 즉각적인 영향을 미친다. 그리고 그 영향은 일시적인 불편함을 넘어서, 장기적으로 위장 건강을 해치는 심각한 문제로 이어질 수 있다.

화가 나면, 위산이 먼저 반응한다. 뇌는 스트레스 상황에 대응하기 위해 아드레날린과 코르티솔 같은 스트레스 호르몬을 분비한다. 이 호르몬들은 심장과 근육에 더 많은 혈액을 보내고, 몸을 '싸움 또는 도망' 상태로 만든다. 이때 소화기관은 비상 상황에서 후순위로 밀려나며 작동이 제대로 되지 않는다. 결국 위는 음식물이 공급되지 않았는데도 위산을 평소보다 훨씬 많이 분비한다. 이는 음식을 소화하려는 생리적 반응이 아니라, 신경계의 불균형으로 인한 과잉 반응이다. 그 결과 속쓰림, 위통, 신트림, 메스꺼움 같은 증상이 나타난다.

특히 위산이 식도로 역류하면 역류성 식도염으로 이어지고, 이 상태가 반복되면 위 점막이 약해지며 위궤양까지 발생할 수 있다. 스트레스를 받으면 왜 속이 쓰리고 메스꺼운지 그 이유가 여기에 있다.

30대 중반의 대기업 직원. 매일 반복되는 회의, 상사의 압박, 말 못 할 스트레스 속에서도 겉으로는 조용하고 침착하다. 하지만 속에서는 화가 치밀어 오르기도 하지만, 참기에 급급했다. 점점 잦아지는 속쓰림과 구토감에 병원을 찾은 그는 위염과 초기 위궤양 진단을 받았다.

"혹시 스트레스를 많이 받으세요?"라는 의사는 질문에, 그는 스스로 상황을 인식하게 되었다. 결국 그 화가 밖으로 소통되지 못하고, 안에서 문제를 일으키기 시작한 것이다.

소화기관 중 장은 감정의 영향을 많이 받는 기관이다. 장은 단순히 소화를 담당하는 장기가 아니라, 신경세포가 뇌 다음으로 많이 존재해 '두 번째 뇌'라 불릴 정도로 정서와 밀접하게 연결되어 있다.

화가 날 때 장으로 가는 혈류량이 감소하면, 장은 소화에 필요한 정상 기능을 수행하지 못한다. 그 결과 복부 팽만, 더부룩함, 설사, 변비, 복통 같은 증상이 생긴다. 예민한 사람일수록 회의 전날이나 중요한 발표를 앞두고 배가 아프거나 설사를 경험하는 경우가 많은데, 이 역시 장과 감정이 얼마나 밀접한지를 보여 주는 증거다.

또한, 장 속에는 수많은 유익균과 유해균이 공존하고 있다. 이 균형이 잘 유지되어야 장이 제대로 작동하고, 면역과 정신건강에도 좋은 영향을 준다. 그런데 반복되는 화와 스트레스는 장내 유익균을 줄이고, 염증을 유발하는 유해균을 증가시킨다. 이는 소화불량과 같은 일시적 증상을 넘어서 만성 장염, 과민성 대장증후군, 심지어 정신건강 저하로까지 이어질 수 있다.

실제로 장 건강이 좋지 않은 사람일수록 우울감, 피로감, 수면장애, 집중력 저하를 호소하는 경우가 많다. 이는 화가 장내 환경을 파괴하고, 그로 인해 뇌와 감정 상태까지 흔들 수 있다는 증거다.

음식을 잘게 씹고 삼켜야 소화가 잘되듯, 감정도 제대로 해소하고 정리해야 몸에 부작용이 없다. 바꿔 말하면 화를 참는 것만이 능사가 아니다. 화를 조절하지 못하고 분출하거나, 그 반대로 속으로만 삼키는 방식은 결국 소화기관까지 혹사시키는 결과로 이어진다.

자신의 감정을 인정하고, 말로 풀어내고, 상황을 객관적으로 정리하는 연습은 소화기관을 위한 '감정 소화제'와 같다.

"마음이 편해야, 속도 편하다."

화는 단지 가슴을 뛰게 만들고, 얼굴을 붉히는 감정이 아니다. 그 감정은 속을 뒤틀고, 장을 짓누르고, 위장을 공격한다. '조금만 참고 넘기면 괜찮겠지!'라고 생각할 수 있지만, 우리의 위와 장은 그 순간에도 이미 공격을 받고 있다.

화가 날 때 밥맛이 떨어지는 이유, 속이 쓰린 이유, 배가 아픈 이유, 그건 단순히 기분 탓이 아니다. 그건 몸이 당신의 감정을 그대로 받아들였기 때문이다.

분하면 잠이 오지 않는다

불 꺼진 방 안. 하루를 마치고 몸은 침대에 누웠지만, 마음은 여전히 어딘가에 가 있다. 계속 떠오르는 말, 장면, 억울했던 순간. 속이 뒤틀리고, 얼굴이 화끈 달아오르고, 시간은 새벽으로 향해 가는데 잠은 멀어져만 간다.

누구나 한 번쯤 겪어 본 경험일 것이다. 이처럼 화는 단지 낮 동안의 감정이 아니라 밤까지 따라와 우리의 수면을 방해하는 강력한 감정이다. 그리고 반복될수록 뇌의 기능과 정서적 균형까지 흔드는 파장을 남긴다.

화가 나면 잠이 오지 않는 이유는 무엇일까?

분노는 기본적으로 신경계를 각성 상태로 만든다. 즉, 몸을 잠자리에 들 준비가 아니라, '싸우거나 도망가야 하는 위기 상황'처럼 느끼게 만든다. 몸에서 이렇게 외친다. "적이 쳐들어왔는데 나보고 자라고?" 이때 부신에서 스트레스 호르몬인 코르티솔과 아드레날린이 대량 분비되면서, 심장은 빨리 뛰고 호흡은 거칠어지고 몸은 긴장 상태에 빠진다.

하지만 수면은 반대로 몸이 이완돼야 시작될 수 있는 과정이다. 몸과 마음이 진정되지 않은 상태에서는 잠들기도 어렵고, 설사 잠이 들더라도 깊은 잠에 들기 어렵다. 그 결과, 잔 것 같지 않은 밤, 피로만 남는 아침이 반복된다.

30대 후반의 워킹맘 권○○ 대리는 요즘 부쩍 불면이 심해졌다. 아이도 잘 자고, 집도 조용한데 자정이 넘도록 잠이 오지 않는다. 그녀가 침대에 누워 계속 떠올렸던 건, 그날 오후 팀장에게 들었던 한마디였다.

"그걸 제때 마무리 못 하면 어떡해요. 다른 일도 아니고, 이사님이 지시한 건데요."

그간 꼼꼼하게 일처리를 한다고 했는데, 상사한테 들은 그 말이 마음속에서 사라지지 않는다. '그때 이렇게 말했어야 했는데…' '왜 나만 이런 취급을 받지?' 그런 생각에 잠이 오질 않는다. 점점 집중도 안 되고, 작은 일에도 짜증이 나는 자신을 보며, 권 대리는 '몸이 아니라 마음이 병든 것 같다'고 느끼기 시작했다.

수면부족 상태가 일시적이 아니라 반복되기 시작할 때
다. 만성적인 수면부족은 단순한 피로를 넘어서 뇌의 구
조와 기능에 변화를 일으킨다. 특히 감정을 조절하는 전
전두엽과 공포와 분노를 담당하는 편도체 사이의 연결이
약해지고, 그 결과 우리는 더 쉽게 화를 내고, 감정을 제
어하지 못하게 된다.

즉 화 때문에 잠을 못 자고, 잠을 못 자서 더 쉽게 화를
내고, 이 악순환이 반복되면서 감정적 회복 탄력성까지
떨어지게 된다. 또한 집중력 저하, 기억력 감퇴, 우울감
증가 등 정신적인 피로와 감정의 불안정성이 뇌 전반에
퍼진다.

결국, 뇌가 건강해야 감정도 건강하다. 우리 뇌는 '감
정의 사령탑'이다. 화도, 슬픔도, 기쁨도 모두 뇌에서 느
끼고 조절된다. 그런데 수면이 부족해 뇌의 휴식이 충분
히 이루어지지 않으면, 이 감정 사령탑은 오작동을 일으
킨다. 특히, 분노를 처리하는 기능이 떨어지면 뇌는 작
은 자극에도 과잉 반응하게 되고, 상대의 말 한마디에도
민감하게 반응하며 불안, 분노, 짜증, 공격성이 올라가게
된다. 이는 결국 인간관계에도 영향을 주고, 일상의 만족
감, 집중력, 생산성까지 낮아지게 만든다.

감정을 다스리는 것이 좋은 잠을 부른다. 결국, 감정

을 정리하고 조절하는 것이 수면의 질을 높이는 첫걸음이다. 하루를 정리하며 감정까지 정리할 수 있다면, 뇌는 '휴식하라'는 신호를 보내기 시작한다.

분노가 남은 상태에서 잠자리에 들면 그 앙금은 몸에 고스란히 쌓이게 된다. 그 감정을 그냥 품은 채 눕는 대신에, 산책을 하거나 차분히 호흡을 하며 감정의 열기를 낮추는 루틴이 필요하다. 특히 '왜 내가 이런 감정을 느꼈을까?' '내가 지금 이 감정에 어떤 반응을 하고 있지?'라고 스스로에게 질문을 던지는 습관은 뇌를 진정시키는 좋은 감정 수면제가 되어 준다.

따라서 잠들기 전, 감정을 먼저 내려놓아야 한다. 잠을 잘 자는 사람은 단지 숙면을 취하는 것이 아니라 하루의 감정을 잘 정리하고 떠나보낼 줄 아는 사람이다. 화는 누군가를 향한 감정 같지만, 그 여파는 나의 밤을 깨우고, 내 뇌를 흔들고, 내 삶의 균형을 무너뜨린다. 그러니 잠들기 전, 가장 먼저 정리해야 할 건 스마트폰도 아니고, 생각도 아니다. 그날 품고 있었던 마음속의 화다.

인생을 살다 보면 이 말이 맞다는 걸 느끼지만, 정확히 어떤 이유로 그런지는 쉽게 납득이 되질 않는다. 화를 내고 나면 기분이 개운해질까? 어쩌면 순간적으로는 그렇다. 하지만 반복해서 화를 내거나, 반대로 화를 계속 참기만 하다 보면 어느 순간 자신도 모르게 마음이 지쳐 버리는 걸 느끼게 된다. 분노는 감정 중에서도 가장 강하고, 가장 자극적인 감정이다. 영화 〈인사이드 아웃〉에 나오는 앵거_{버럭이}를 보면 그 뜻을 쉽게 이해할 수 있다. 그래서 그만큼 정신건강에 미치는 파장도 크다. 마치 연못에 돌을 던졌을 때 일렁이는 물결처럼, 작은 화라도 반복되면 그 여파는 마음 깊은 곳까지 흔든다.

'이건 말이 안 돼!'

'왜 나만 이런 취급을 받는 걸까?'

'저 사람은 절대 용서할 수 없어!'

이런 생각들이 머릿속에 맴돌기 시작하면, 뇌는 긴장 상태를 유지하게 되고, 마음은 서서히 경계와 공격의 태세로 바뀐다. 분노가 쌓이면 우리는 세상을 신뢰보다는 위협의 시선으로 보게 되고, 타인과의 관계에서도 상처받지 않으려는 방어적인 자세를 취하게 된다. 결국 사람들과의 소통은 줄고, 고립감과 소외감이 깊어지며, 정신적인 회복력도 떨어진다.

"감정은 숨겼지만, 마음은 병들었다."

40대 초반의 교사 양○○ 씨는 누구보다도 침착한 사람이었다. 학생들에게 화를 내는 일도 거의 없었고, 동료 교사

들과의 갈등도 겉으로는 없었다. 그런데 어느 날부터 이유 없는 무기력감과 우울감이 찾아왔다. 일이 손에 잡히지 않고, 사람들과 말 섞는 것도 피하고 싶어졌다.

정신건강 상담을 받은 그녀는 놀라운 말을 들었다.

"선생님은 분노를 밖으로 내보내지 않는 대신, 마음속에서 계속 돌리고 계셨어요."

자신도 모르게 쌓인 억눌린 화가 우울감으로 바뀌고, 그것이 무기력과 자존감 저하로 이어졌다는 것이다.

문제는 화가 불안, 우울, 중독으로 변할 수 있다는 것이다. 정신의학에서는 지속적이고 억눌린 분노가 우울증, 불안장애, 대인기피증, 심지어 알코올 중독 등 다양한 정신적 문제로 이어질 수 있다고 본다.

화를 자주 내는 사람은 감정의 기복이 크고, 감정을 조절하는 능력이 떨어질 수 있다. 화를 억누르는 사람은 자기 감정에 무감각해지고, 심리적 무기력 상태에 빠지기 쉽다. 감정을 제대로 다루지 못하는 사람은 일상의 스트레스를 술, 음식, 쇼핑 등으로 분산시키려 하고, 그 과정에서 의존적 행동이 강화되기도 한다.

분노는 그냥 '기분 나쁜 감정'이 아니다. 그건 정신건강 전체를 흔드는 진입점이 될 수 있다. 반복되는 화는 자존감을 무너뜨린다. 화를 자주 내는 사람은 '내가 강한 사람'이라고 느낄지도 모르지만, 그 감정이 지나치게 반복되면 정작 자신에 대한 신뢰와 자존감은 서서히 무너진다. 왜냐하면, 분노는 늘 외부 탓을 하게 만들고, 자신의 감정 상태를 타인에게 의존적으로 연결시키기 때문이다.

'저 사람이 나를 이렇게 만들었어.'

'상황만 나았어도 내가 이러진 않았을 거야.'

이런 식의 사고는 결국 자기조절력을 약화시키고, 삶을 더 피로하고 불안하게 만든다.

화를 건강하게 다룰 수 있을 때, 마음은 회복된다. 정신건강을 지키는 가장 첫걸음은 화를 없애는 것이 아니라, 화를 이해하는 것이다. 결국, 화는 누구에게나 찾아온다. 하지만 그 화를 어떻게 다루느냐에 따라, 그 감정이 나를 지키는 도구가 될지, 나를 무너뜨리는 칼이 될지가 결정된다.

특히, 화를 외면하지 말자. 그 감정은 당신의 마음이 보내는 신호이기도 하다. 지금 마음이 지쳐 있다는, 무언가 정리되지 않았다는, 조금은 쉬고 싶다는 말. 화를 들여다보는 순간, 마음도 함께 돌아볼 수 있다. 그리고 그 순간부터, 회복은 시작된다.

　그렇다면 이런 생각이 들 수도 있다. 화를 내면 심장, 혈관, 면역체계, 소화기관, 뇌 모두에게 안 좋다고 하고, 또 화를 참고 있어도 위장, 수면, 정신건강에 모두 누적되어 안 좋다고 한다. 나보고 어떻게 하란 말인가?

　답은 화를 다루는 기술이 필요하다는 것이다. 나의 분노를 인식하고, 다스리고, 건강하게 표현하는 기술을 먼저 배워야 한다. 바꿔 말하면, 화를 없앨 순 없기에, 화가 올라올 때 '내가 화가 났구나!'를 알아차리고 그 감정을 말, 글, 행동, 또는 생각을 통해 건강하게 풀어내야 한다는 것이다. 그래서 노력이 필요하고 훈련이 필요한 감정 조절 기술인 셈이다.

2.

악연의 두 주인공,
스트레스와 화

스트레스는 화를 어떻게 만들어 낼까

스트레스와 화는 악순환의 고리처럼 돌고 도는 경우가 적지 않다. 스트레스는 화를 유발하거나 증폭시키며, 반대로 화는 스트레스를 악화시키는 악순환을 초래하기도 한다. 만성적인 스트레스 환경에서는 화가 더 빈번하고 강렬하게 나타나며, 개인의 신체적·정신적 건강에 심각한 영향을 미친다.

"별일도 아닌데 왜 이렇게 짜증이 나지?"
"요즘은 사소한 말에도 욱해 버린다."
"그냥 좀 지쳤을 뿐인데, 왜 이렇게 쉽게 화가 날까?"

사람들은 종종 '화를 조절하지 못하는 나'를 자책한다. 하지만 그 감정은 단순한 성격 문제가 아니라, 누적된 스트레스가 만든 감정의 왜곡일 수 있다. 스트레스와 분노는 서로 다른 감정처럼 보이지만, 사실은 하나의 흐름 위에 있는 감정과 그의 산물이다. 스트레스는 화의 전 단계이고, 제대로 해소되지 않으면 그 스트레스는 분노라는 방식으로 터져 나온다.

스트레스 반응은 뇌에서 시작된다. 스트레스를 받는다는 건, 몸과 마음이 '위협'을 감지하고 있다는 뜻이다. 그 첫 반응은 뇌의 편도체에서 시작된다. 편도체는 공포와 위협에 민감하게 반응하는 감정 센터로, 위험이 감지되면 즉시 전신에 '비상'을 알린다. 문제는 만성 스트레스를 받을수록 이 편도체가 과도하게 활성화된다는 것이다. 그 결과 작은 소리에도 깜짝 놀라고, 가벼운 말에도 예민하게 반응하며, 평소 같으면 넘길 일에도 감정이 거칠게 반응한다. 이렇게 스트레스에 과도하게 반응하는 뇌는 결국 우리를 더 쉽게, 더 자주 화나게 만드는 구조로 변화시킨다.

스트레스 호르몬은 몸을 '공격 태세'로 만든다. 뇌에서 위협을 감지하면, 곧바로 '시상하부-뇌하수체-부신 축HPA 축' 이 작동한다. 이는 스트레스 반응을 조절하는 신경내분비계로, 시상하부에서 분비된 신호가 뇌하수체를 자극해 부신피질자극호르몬ACTH을 분비하게 하고, 이 호르몬이 부신을 자극해 코르티솔과 같은 스트레스 호르몬을 분비하도록 유도하는 일련의 과정이다. 한마디로 몸 전체에 코르티솔과 아드레날린을 분비시켜 스트레스에 맞설 준비를 하게 하는 곳이다. 심박수와 혈압을 높이고, 근육을 긴장시키며, 호흡을 빠르게 하고, 감정을 '방어적이고 공격적인 방향'으로 조율한다. 즉 스트레스가 지속될수록 몸은 계속해서 '싸울 준비' 상태로 유지되며, 작은 자극에도 쉽게 폭발하는 감정 반응을 만들게 된다.

바꿔 말하면, 심리적 압박은 마음을 좁게 만든다. 만성 스트레스를 받으면 우리는 생각이 단순해지고, 반응은 예민해진다. 선택의 기로에 있기 때문에 이때 감정의 중심은 이성보다 방어에 가까워진다. '이건 나를 무시한다는 거야.' '이 정도 일도 안 돼? 이제 진짜 못 참겠다.' '또 내가 희생해야 해?' 스트레스로 인해 발생하는 이런 인식은 실제 상황보다 감정을 더 자극적으로 왜곡한다. 특히 외부 상황을 통제할 수 없을수록, 감정은 내부에서 부풀어 오르고, 작은 불편도 큰 위협처럼 느껴지게 된다.

50대 직장인 문○○ 이사는 최근 업무량이 폭증하면서 늘 피곤하고, 머리가 무겁고, 대화할 여유조차 생기질 않았다. 동료와 말다툼은 피했지만, 이상하게 집에서는 자주 화를 냈다. 아이의 작은 실수에도 소리를 지르고, 아내의 한마디에도 예민하게 반응했다.

"화가 난 건 그때뿐인데, 돌아보면 회사에서 다스리지 못했던 스트레스가 가족에게 화살처럼 날아갔던 것 같아요."

가족에게 함부로 대했던 게 후회될 뿐이다.

이처럼 스트레스를 제대로 해소하지 않으면, 그 감정은 다른 이름으로, 다른 대상에게 표현되기 마련이다.

스트레스를 관리하면, 화도 줄어든다. 화를 다스리려면, 먼저 스트레스를 다뤄야 하는 것이다. 그건 억지로 화를 참거나 말을 아끼는 방식이 아니다. 스트레스를 줄인다는 건 몸과 뇌가 위협 상태를 벗어나도록 돕는 것이다.

결국, 스트레스를 다루는 사람은 화도 다룰 수 있다. 분노는 어느 날 갑자기 폭발하는 감정이 아니다. 그건 누적된 스트레스가 흘러갈 곳을 찾지 못해 감정의 벽을 타고 올라와 '화'라는 이름으로 터져 나오는 것이다.

그러니 화를 잘 다스리고 싶다면, 그 이전에 스트레스를 돌보는 습관이 필요하다. 그게 무엇인지 파악하는 게 급선무다. 하루를 정리하고, 감정을 살피고, 내 마음의 긴장을 낮추는 생활 루틴이 있어야 한다.

화가 스트레스로
연결되는 악순환

"화를 내고 나면 오히려 더 지친다."

"마음은 시원하지 않고, 몸은 더 긴장된다."

"사소한 일에도 점점 예민해지고 있다."

화에 대한 설문조사를 한다면 아무래도 이런 답이 많이 나올 것이다. 이런 말은 단지 기분 탓이 아니다. 실제로 화는 스트레스를 해소하는 수단이 아니라, 스트레스를 '더 키우는 원인'이 되기도 한다.

우리는 종종 화를 내면 속이 시원해질 것이라고 생각한다. 하지만 실제로는 그 순간의 감정 해소가 신체와 심리에 새로운 긴장을 불러오며, 스트레스를 더욱 악화시키는 '감정의 악순환'을 시작하게 된다.

생리적인 악순환이기도 하다. 화는 몸을 더 긴장시킨다. 화를 내는 순간, 우리 몸은 뇌의 명령에 따라 자동적으로 긴장 모드로 돌입한다. 심박수 증가 → 혈압 상승 → 근육 긴장 → 호흡 가속화 → 위장 기능 억제 → 혈당 수치 상승. 이 모든 반응은 몸이 '싸움 혹은 도망'을 준비하는 생존 시스템의 일부다.

이 반응은 동시에 스트레스 호르몬인 코르티솔과 아드레날린의 분비를 자극한다. 문제는 여기서 끝나지 않는다. 화를 자주 내면, 몸은 점점 이 자극에 익숙해지고 중독되기 시작한다. 즉 화를 내면 낼수록 몸은 더 긴장하고, 더 쉽게 반응하게 되며, 스트레스에 취약한 신체 시스템이 강화된다. 이것이 바로 생리적 악순환의 시작점이다.

때문에 감정은 풀리지 않고 되돌아온다. 화를 내면, 우리는 잠깐은 감정을 쏟아 냈다는 느낌, 일종의 해소감을 느낀다. 하지만 그 뒤에는 더 복잡한 감정들이 따라온다.

"괜히 그렇게 말했나……."

"내가 너무 예민했나?"

"관계가 어색해졌네."

"또 내가 괜히 상처를 줬나?"

이러한 죄책감, 후회, 불안은 곧바로 또 다른 스트레스 요인으로 작용한다. 그리고 이 감정은 다음 상황에서 고스란히 다음 화로 이어지는 순환 구조에 갇히게 되는 것이다. 이처럼 화는 스트레스를 해소하는 수단이 아니라, 스트레스를 반복해서 되살리는 순환의 고리가 될 수 있다.

만성화된 스트레스와 화는 결국 뇌가 위험에 길들여지게 만드는 요인이다. 스트레스가 만성화되면, 우리 뇌는 항상 위협을 감지하는 모드로 고정된다. 이 상태에선 편도체가 과도하게 활성화되고, 전전두엽의 이성적 판단 능력은 줄어들며, 작은 자극에도 과잉 반응하게 된다.

즉 스트레스를 받을수록 화를 더 쉽게 내고, 화를 낼수록 스트레스는 더 깊어진다. 이 악순환은 우리의 감정적 회복력Resilience을 떨어뜨리고, 결국엔 작은 일에도 터지는 감정 과민 상태Emotional Hypersensitivity를 만들어 낸다.

그러면 이런 악순환의 고리에서 어떻게 빠져나올 수 있을까? 우선, 자각이 필요하다. 이 악순환에서 벗어나려면 먼저 그 구조를 알아차리는 게 중요하다.

"나는 왜 같은 상황에 반복해서 화를 내는가?"

"화를 낸 후 나는 어떤 감정을 느끼고 있나?"

"지금의 이 화는 오늘 하루 스트레스의 결과일 수도 있지 않은가?"

이런 질문들이 감정의 흐름을 멈추고, 생각의 방향을 바꾸는 정서적 개입의 시작점이 된다.

결국, 화는 스트레스를 푸는 방식이 아니라, 오히려 되살리는 방식일 수 있다. 화는 본능이지만, 그 화가 우리의 몸과 마음에 지속적으로 긴장을 유발하고 관계를 망가뜨린다면, 그건 더 이상 감정을 해소하는 도구가 아니다.

"화를 내서 스트레스를 풀 수 없다면, 오히려 화가 스트레스를 부르고 있는 건 아닐까?"

이 질문 하나로 감정의 흐름을 멈출 수 있다면, 우리는 반복되는 감정의 덫에서 조금씩 걸어 나올 수 있을 것이다.

화를 부르는 '생각 습관'

화는 특정 상황이나 사건 때문에 생기는 것 같지만, 실은 그 상황이나 사건을 어떻게 해석했는지에 따라 생기는 감정이다. 다시 말해, 우리가 처한 환경이 아니라 그 환경을 바라보는 '생각의 렌즈'가 화를 만든다.

어떤 사람은 상대의 말 한마디에도 분노하고, 어떤 사람은 똑같은 말을 들어도 무덤덤하다. 그 차이는 바로 머릿속에서 자동으로 흘러나오는 해석의 방식, 즉 생각 습관에 있다. 화는 '사고 패턴'에서 시작된다.

예를 들어 보자. 동료가 회의 자리에서 내가 평소에 말했던 아이디어를 자기 것처럼 포장해서 이야기했다고 치자. 하나는 이런 해석이 가능하다. "와, 미치겠네. 앞으로 상종하지 말아야 할 친구네."라며 분노와 배신감을 느낄 수 있다. 다른 한편으로는 "아, 내가 괜히 그때 이야기했네. 괜찮은 아이디어라서 그냥 적어 놨어야 하는 건데."

라며 스스로에 대한 반성 혹은 자책을 할 수 있다. 같은 자극에 대한 서로 다른 반응이다.

중요한 건 자극 자체가 아니라 그 자극을 해석하는 방식이다. 그리고 우리는 평소에 어떤 식으로 세상을 해석하는지조차 대부분 스스로 자각하지 못한 채 살아간다.

이론적으로 조금 들어가 보면, 분노를 키우는 데에는 크게 네 가지의 왜곡된 사고 습관이 자리 잡고 있다.

첫째는 이분법적 사고방식이다. 특히 우리나라 사회에서 역사적 배경 등으로 인해 시대적으로 둘 중 하나를 택하는 경향이 컸다.

— "맞으면 완벽한 사람, 틀리면 무능한 사람."
— "칭찬 안 해줬으면, 날 무시한 거야."

이런 사고는 작은 실수조차 자존심을 건드리는 큰일로 과장하게 만들곤 한다.

둘째는 의도적인 추측이다.

— "분명히 일부러 그랬을 거야."

상대의 말이나 행동 뒤에 의도나 악의를 자동으로 부여하는 사고다. "그 말투는 나를 깎아내리려는 거지." "나 시험해 보는 거야, 지금?" 사실 확인 없이 상대의 속마음까지 단정 지으며, 감정이 격해지고 분노로 치닫게 된다.

셋째는 과잉의 일반화이다.

— "너는 어떻게 매번 그러니!"
— "어떻게 한 번도 청소를 안 하니?"
— "항상 내 말을 무시한다니까."

'늘', '항상', '매번', '한 번도', '절대로', '결코', '처음부터'……. 이런 표현이나 생각은 자신에게는 과거의 상처나 경험을 현재에도 계속 재현시키는 문제를 일으킬뿐더러, 상대방에게도 비난에 대한 방어기제를 갖게 해 결국 분노 상승의 기회를 만들어 주게 된다.

마지막으로는 재난화 사고이다.

— "이거 때문에 큰일 날지도 몰라!"
— "오늘 프레젠테이션을 망쳤으니 진급은 물 건너갔어."
— "이 말을 잘못하면 관계가 다 끝나겠지."

작은 문제를 과도하게 확대해서 큰일처럼 느끼는 경향을 말하는데, 이런 생각은 감정적 반응을 불안을 넘어 분노의 증폭으로 이어지게 만든다.

생각을 바꾸면, 감정도 바뀐다. 우리는 흔히 "감정은 어쩔 수 없는 거야."라고 말하지만, 그 감정은 대부분 '특정 생각'에서 출발한 감정이다. 즉, 생각이 달라지면 감정도 충분히 달라질 수 있다.

"나를 무시했어." → "그 사람은 표현이 좀 서툴러."
"또 내 말 안 들어줬어." → "지금은 그 사람도 여유가 없었나 보네."
"말실수하면 끝장이야." → "말실수는 누구나 할 수 있어, 곧바른 사과가 중요해."

이런 해석의 전환은 감정의 결을 완전히 바꿔 놓는다.

30대 초반의 오 대리는 상사와의 사소한 마찰이 반복되면서 회의만 들어가면 긴장했고, 작은 지적에도 쉽게 얼굴이 붉어졌다. 그는 심리상담에서 자신의 사고 습관을 돌아보게 되었다.
상담 결과, 특히 '의도 추측'과 '이분법적 사고'가 강했다.

'상사가 나를 인정하지 않아서 저렇게 말하는 거야.'

'한번 틀리면 그걸로 끝이야.'

이런 생각이 화를 부르고 있다는 걸 인식한 순간, 그는 의도적으로 스스로에게 되묻기 시작했다.

'정말 그럴까? 그냥 피드백이었을 수도 있지 않을까?'

'의도적으로 나를 공격하려는 건 아니지 않을까?'

그때부터 그는 화를 조절하는 게 아니라, 생각을 점검하는 연습을 시작했다. 그리고 감정도 함께 안정되기 시작했다.

화를 다스리려면, 생각부터 점검해야 한다. 화를 다스린다는 건 감정을 꾹 누르는 게 아니다. 그건 '지금 내가 어떤 생각을 하고 있는지'를 자신이 알아차리는 것이다.

내 생각은 늘 맞는 걸까? 이 감정은 사실인지, 내 해석일 뿐인지? 이런 질문이 나의 습관으로 자리 잡기 시작할 때, 분노는 더 이상 내 습관처럼 튀어나오지 않게 된다. 감정은 반응이지만, 생각은 선택이다. 생각을 잘 다듬는 사람이 감정도 잘 다듬을 수 있다.

3.

습관이 되려는 화

신경학적으로 중독되는 화

화는 단순한 감정적 반응을 넘어, 반복적으로 나타나면서 중독성을 띨 수 있다. 이는 신경학적·심리적·행동적 요인들이 복합적으로 작용하기 때문이다. 슬픈 일이지만, 화를 자주 반복적으로 경험하거나 표현하는 사람들은 뇌와 몸이 특정 패턴에 익숙해지면서 화를 내는 행동이 습관화된다. 심지어 화를 느끼는 과정 자체가 일종의 '자기보상'으로 작용하는 사태까지 이르게 된다.

왜 우리는 같은 방식으로 또 화를 낼까?

"내가 왜 또 이렇게까지 화를 냈을까?"

"후회되는데……. 다음엔 참아야지."

하지만 며칠 뒤, 아니, 어쩌면 몇 시간 뒤에도 우리는 비슷한 상황에서 똑같이 분노하고, 또 후회하고, 또 결심하기도 한다. 안타까운 일이지만 이 패턴은 다시 고스란히 반복된다. 마치 어떤 습관처럼, 아니, 중독처럼 말이다.

실제로 화는 단순한 감정 반응이 아니라, 뇌와 신경계가 특정한 방식으로 반응하고 학습한 결과다. 자주 반복되는 화는 신경학적 패턴으로 굳어지고, 때로는 일시적인 쾌감을 유도해 보상 시스템을 자극하기도 한다. 그 순간의 폭발은 단순한 감정이 아니라 뇌가 기억하고 기대하는 하나의 '보상행위'가 되는 것이다.

그러면 그 경로는 어떻게 될까? 화는 먼저 우리 뇌를 자극한다. 화를 내는 순간, 우리 뇌에서는 다양한 생리적 반응이 일어난다. '짜릿한 감정'처럼 느껴지기도 하는데, 그중 핵심은 도파민과 아드레날린 같은 신경전달물질의 분비다. 도파민은 쾌감, 만족감, 통제감과 관련된 물질이다. 아드레날린은 전투 혹은 도피 반응을 촉진하는 스트레스 호르몬이다. 문제는 화가 이 두 가지 물질을 동시에 자극한다는 점이다. 즉 긴장된 상태에서 에너지가 솟구치고, 그 반응 이후 일종의 '속 시원함'을 느끼게 되는 것은 바로 이 뇌의 보상회로가 활성화된 결과다.

이 경험이 반복되면, 우리 뇌는 점점 더 그 패턴을 '좋은 반응'으로 기억하게 되고, 비슷한 상황에서 화를 내도록 유도하는 신경 경로를 강화하게 된다. 신경회로는 사용한 대로 굳어지는데, 화가 학습되는 과정이다.

이렇게 되면 한 번 화를 내고 후련함을 느낀다. 두 번째도 비슷하다. 이후부터는 몸이 먼저 반응하고, 감정은 반응을 따라가게 된다. 이게 바로 신경회로 강화Neural Reinforcement 현상이다. 결국 나중에는 분노를 발산하는 데서 일종의 짧은 쾌감을 느끼고, 신경회로는 더욱 딱딱해진다. 처음엔 오솔길이었는데, 나중에는 포장도로로 변하는 것과 같다.

우리 뇌는 자주 쓰는 길을 자동화한다. 내비게이션에서 자주 가는 장소나 경로를 기억하는 '즐겨찾기'의 개념이다. 그래서 반복적으로 분노를 표출한 사람은 그 상황에서 '다르게 반응하는 길'을 아예 떠올리기 어려워진다. 화는 단순한 감정이 아니라 자동화된 반응이 되는 것이다. 바로 즐겨찾기로 들어가서 화내는 게 다반사가 된다.

화의 중독성이 이렇게 출발하게 된다. 문제는, 그 반응이 반복될수록 자극에 대한 민감도는 높아지고, 반응 시간은 짧아지며, 사소한 일에도 신경이 곤두서는 과민 반응 패턴이 만들어진다는 것이다.

스트레스 호르몬에 익숙해진 몸은 이제 거꾸로 화가 필요해진다. 만성적으로 화를 내는 사람의 몸에서는 코르티솔과 아드레날린이 높은 수치를 유지한다. 이 두 호르몬은 원래 '긴급 상황'에만 분비되는 물질인데도 말이다. 하지만 반복적인 분노 반응은 몸이 이들 호르몬의 수준을 일종의 '기준 상태'로 착각하게 만든다. 일종의 기준점 착시현상이다. 그 결과, 긴장이 없는 상황에서는 오히려 불편하게 느껴지고, 때론 화난 스트레스 상황을 오히려 정상적인 상태로 여기기도 한다.

이처럼 몸과 뇌는 스트레스 상태를 디폴트 혹은 기본값으로 받아들이고, 평소에도 화를 통해 잘못된 기본값으로 이동하려는 '역설적 중독 상태'에 빠지게 된다. 비정상의 정상화다.

40대 초반의 문○○ 부장은 직장에서 리더 역할을 맡으며 점점 더 예민해졌고, 직원들의 사소한 실수에도 화내는 게 잦아졌다.

"처음엔 긴장을 푸는 데 화가 도움이 된다고 생각했어요. 말 한번 세게 하면 사람들도 내 말을 더 잘 들었고요. 근데 나중엔 '화를 내지 않으면 불안한 상태'가 됐더라고요."

그는 화를 내는 게 자신을 통제하는 것처럼 느껴졌지만, 사실은 감정에 지배당하고 있었다.

'나는 화를 다루고 있는 게 아니라, 화가 나를 끌고 가고 있었구나.'

문 부장이 나중에 깨닫게 된 그의 상태다.

중독은 반드시 강한 감정에서만 시작되지 않는다. 우리는 '중독'이라는 단어를 도박, 약물, 스마트폰 같은 자극적인 행위에만 연결하곤 한다. 하지만 분노처럼 감정과 생리반응이 결합돼 '즉각적인 보상'을 주는 패턴도 충분히 중독성이 강할 수 있다.

이 감정의 중독성은 신경학적으로 보면 '불쾌한 자극 → 분노 → 반응 → 일시적 해소'라는 경로가 강화되며 굳어지는 것과 같다.

결국, 화는 감정이 아니라 뇌가 기억한 반응일 수 있다. 즐겨찾기 경로가 형성되는 것처럼 말이다. 우리는 단지 '화를 잘 내는 성격'이 아니라, '화를 통해 감정을 처리하도록 배운 뇌와 몸'에 익숙해져 있는 것이다. 그리고 그 회로는 반복을 통해 더 깊어지고, 더 빠르게 반응하며, 결국 스스로 조절이 어려운 상태가 된다.

화는 억누를수록 더 강해지지만, 반복될수록 더 습관이 된다. 지금 내가 내는 이 화는 과연 지금의 감정인가? 아니면 뇌가 기억한 과거의 반응인가? 이 질문이 바로 화의 중독성에서 빠져나오는 첫걸음이 될 수 있다.

마음의 방패로 사용하는 화

　화를 자주 내는 사람은 단지 참을성이 부족하거나 성격이 까다로운 사람일까? 겉으론 그렇게 보일 수 있다. 하지만 조금만 더 깊이 들여다보면, 반복적인 분노는 단순한 감정 폭발이 아니라, 그 이면에 숨겨진 심리적 구조의 결과라는 것을 알 수 있다.

　사람마다 화를 내는 방식은 다르지만, 그 이면에는 공통적인 심리작용이 존재하는데, 일종의 자기방어다. 화는 종종 자기 자신을 지키기 위한 감정이다. 겉으로는 강해 보일지 몰라도, 그 뿌리는 연약한 감정에서 비롯된다.

　불안, 두려움, 수치심, 실망, 외로움 같은 감정은 매우 취약하고 자기 스스로가 인정하기도 어렵다. 그래서 어떤 사람은 그런 감정을 직면하는 대신에 보다 익숙한 방식인 분노로 전환한다. 화는 스스로를 위협으로부터 보호하려는 마음의 장치일 수 있기 때문이다.

특히 성장 과정에서 감정을 안전하게 표현하거나 받아들여진 경험이 부족했던 사람은, 자신의 연약한 감정을 인정하거나 드러내는 것에 익숙하지 않다. 그 대신 화라는 강한 감정으로 자기 자신을 방어한다. 결과적으로 화는 자신의 상처를 감추기 위한 심리적 가면이 되기도 하고, 그 가면은 점차 본래의 얼굴을 덮어 버린다.

또한 화는 심리적으로 통제력을 되찾는 수단이 되기도 한다. 삶의 어떤 영역에서 무기력하거나 상황을 통제할 수 없다고 느낄 때, 사람은 불안을 느낀다. 이때 화를 내는 것은 마치 내가 그 상황을 장악하고 있다는 착각을 일으키는 도구처럼 작동하기도 한다. 큰소리를 내고, 감정을 표출하고, 타인을 압도하는 행위는 실제로 문제가 해결되지 않더라도 '일시적으로 내 상황을 통제하고 있다'는 심리적 위안을 주기도 한다.

그러나 이 방식은 안타깝게도 곧 습관이 된다. 불안이 생기면 화로 반응을 표현하고, 좌절을 느끼면 분노로 대응하고, 무력함이 밀려오면 말보다 감정이 먼저 앞선다. 스스로가 이젠 화를 통해 주도권을 잡는다는 착각이 반복되면서, 뇌는 그 패턴을 정답처럼 기억하고 반복하도록 신호를 보낸다. 화를 통해 주목받고 '통제효능감'을 얻는 것이다.

분노는 또 다른 심리적 기능도 수행한다. 바로 자기 정당화의 도구로 사용된다는 점이다. 화를 내는 사람은 종종 자신이 화를 낼 수밖에 없는 이유를 마음속에서 스스로 설득한다. 누구나 겪어 보고 들어 봤을 '자기합리화'의 도구이다. '그 사람이 먼저 나한테 책임을 떠넘겼기 때문이야!' '누구라도 내 입장이면 화가 날 수밖에 없는 거 아냐?' 이런 생각을 통해 그 분노를 합리화하고 정당화하는 심리적 장치가 된다. 이렇게 화는 점점 더 자주, 더 쉽게, 더 강하게 반복된다.

처음엔 방어기제였던 화가 나중에는 나의 통제 수단이 되고, 결국에는 그 자체로 '정당한 반응'이라는 신념이 자리 잡는다. 이런 생각은 시간이 갈수록 강화되고, 분노를 반복하게 만드는 심리적 순환 고리를 형성하게 된다.

한 가지 더 중요한 점은, 이 심리 구조가 의식적 선택이 아닌 무의식적 자동반응이라는 것이다. 마치 내 컴퓨터에 어느 순간 나도 모르게 바이러스가 심어져 있는 것과 같다. 컴퓨터가 어느 순간 제대로 작동을 안 하는데 원인은 못 찾는 것이다. 이렇게 되면 우리는 어느 순간부터 감정을 일으키는 사건 자체보다 먼저 그 사건에 대한 인식과 해석에서 감정을 만들게 된다.

예를 들어 어떤 말이 무례했는지 그렇지 않았는지보

다, 내가 그 말을 어떻게 해석했는지가 감정을 결정한다. 그런데 이 해석이 이미 '나는 공격당하고 있다', '상대는 나를 존중하지 않는다'란 식으로 굳어진다면, 감정 반응은 너무도 쉽게 분노로 향한다.

이처럼 반복되는 화는 단순한 감정적 충동이 아니라, 자기 보호와 자기 통제를 위해 무의식이 선택한 방식이다. 그리고 그 방식은 점점 더 깊이 각인되어, 감정을 다르게 다룰 기회를 놓치게 만든다.

이 심리적 패턴은 의지나 인내심만으로는 쉽게 바꿀 수 없다. 중요한 것은, 이 구조를 자각하고 이해하는 것이다. 내가 화를 내는 상황, 그 감정의 배경, 그 감정이 내게 주는 이득과 위안을 들여다보는 것이다. 내가 진짜 원하는 건 통제일 수도 있고, 인정일 수도 있으며, 단순히 이해받고 싶은 마음일 수도 있다.

화를 반복하게 되는 이유는 성격이나 기질만이 아니다. 이는 내면의 깊은 감정을 다루는 방식에서 비롯된 결과다. 그리고 다시 배워야 하는 기술이다. 우리는 화를 반복하지 않기 위해, 그 화가 무엇을 숨기고 있는지를 먼저 이해해야 한다.

행동이 생각을 잡아먹는 화

화를 참지 못하고 터뜨리는 일이 반복되다 보면, 어느 순간부터는 상황과 상관없이 화가 먼저 나오는 사람이 되어 버리기도 한다. 이런 분들의 이유를 들어 보면 대개는 이렇다.

"나도 참으려 했는데, 그냥 터져 버렸다."
"화를 내고 나면 나도 힘들다."

이런 말은 단지 핑계가 아니다. 사실이기도 하다. 많은 사람들이 화를 내는 순간보다 그 이후에 더 불편하고 지친 감정을 느낀다. 그런데도 비슷한 상황이 반복되면 또다시 화를 낸다. 왜일까?

분노라는 감정이 단순한 일시적 반응을 넘어서, 반복적으로 '행동 습관'이 되기 때문이다. 감정도 반복되면 습관화된다. 그리고 이 습관은 시간이 지나면서 우리의 반응 패턴을 결정하게 된다.

처음에 화는 빠르고 즉각적인 '감정 해소'처럼 느껴진다. 우선 화가 반복되는 데는 그 특유의 즉각적인 해소감이 작용한다. 화를 내는 순간, 억눌러 두었던 감정이 '풀리는 것 같은 느낌'이 들 수 있다. 속이 시원해졌다는 느낌, 혹은 하고 싶은 말을 다 했다는 안도감이 따라온다.

이때 뇌는 이 감정 상태를 잠시나마 '해결된 상황'으로 인식한다. 그 결과, 뇌는 화를 감정적 배출구로 등록한다. 마치 '속이 시원하다'는 느낌이 하나의 보상처럼 작동하면서, 뇌는 다음에도 비슷한 자극이 올 때 같은 반응을 유도하게 된다.

하지만 이 해소감은 어디까지나 일시적이다. 문제의 본질은 여전히 남아 있고, 관계는 어색해지며, 상황은 해결되지 않는다. 즉 화는 문제를 풀어내는 감정이 아니라, 감정을 잠깐 덮는 감정일 뿐이다.

그럼에도 몸과 마음은 이 일시적 쾌감을 기억한다. 그리고 스트레스를 받았을 때, 무의식적으로 '화를 내는 방식'으로 감정을 해소하려는 경향이 강화된다.

화가 행동 패턴으로 자리 잡는 또 다른 이유는 '환경적 강화'이다. 우리의 행동은 단지 의지로만 결정되지 않는다. 주변의 반응도 큰 영향을 미친다. 특히 어떤 행동을 했을 때 원하는 반응을 얻으면, 그 행동은 무의식적으로 강화된다. 화도 예외가 아니다.

만약 누군가가 화를 냈을 때 주변 사람들이 갑자기 조용해진다거나, 일이 그의 뜻대로 바뀐다거나, 상대방이 사과하거나 물러서는 일이 반복된다면, 뇌는 그것을 하나의 '유효한 행동방식'으로 기억한다. 이것을 심리학에서는 '긍정 강화Positive Reinforcement'라고 하는데, 즉 내가 화를 냈더니 원하는 결과를 얻었다면 다음에도 비슷한 상황에서 뇌는 화를 하나의 해결 전략처럼 또 꺼내 쓸 카드처럼 인식하게 되는 것이다.

이러한 환경적 강화는 특히 가정, 직장, 학교 같은 관계 구조에서 더 자주 발생한다. 누군가가 평소 온화하다가도 화를 낼 때만 주변에서 반응이 달라진다면, 화는 점점 자신을 드러내는 수단으로 자리 잡는다.

더 무서운 것은 화는 보고 배우는 감정이 되고, '안 좋은 사회적 학습' 효과를 갖는다는 것이다. 단순하게 말하면, 사람은 감정을 학습한다. 감정을 느끼는 것은 본능이지만, 그 감정을 어떻게 표현할지, 어떻게 다룰지는 후천적으로 배운다. 특히 성장 과정에서 부모, 형제, 또래 친구, 선생님 등 주변 사람들이 감정을 다루는 방식을 통해 우리는 '감정의 언어'를 배우게 된다. 만약 자주 화를 내는 환경에서 자란 사람이라면, 갈등 상황에서 화를 내는 것이 가장 자연스럽고 익숙한 방식이라고 인식할 수 있다.

이런 생각은 단순한 성격의 문제가 아니라, 감정 표현을 학습한 방식의 차이일 수 있다.

또한 사회적 분위기나 문화 역시 영향을 준다. 감정을 차분히 설명하기보다 감정의 크기로 호소하는 문화와, 강한 반응을 '진심의 표현'으로 여기는 환경은 화가 습관처럼 자리 잡는 데 영향을 미친다.

화는 반복될수록 더 빨리, 더 쉽게 나타난다. 감정은 근육과 비슷하다. 특정한 감정을 자주 쓰면 그 감정 반응이 더 민첩해지고 강해진다. 화를 반복하면 분노를 유발하는 자극에 더 민감해지고, 조금만 불편한 상황에도 쉽게 화가 치밀 수 있다. 이처럼 반복되는 분노는 결국 감정 반응의 자동화를 만들고, 그 사람의 일상적인 감정 패턴 속에 자연스럽게 녹아든다.

결국 화는 훈련된 감정이다. 우리는 종종 화를 '벼락처럼 갑자기 찾아오는 감정'이라고 생각하지만, 실제로 화는 많은 경우 반복되고 강화된 결과다. 처음에는 억눌린 감정을 풀기 위해, 그다음에는 주변 반응을 얻기 위해, 그리고 어느 순간부터는 그 방식이 익숙해서 우리는 화를 낸다.

이처럼 화는 일시적 감정이 아닌, 익숙하고 학습된 행동 패턴이 될 수 있다. 그리고 그 패턴으로 인해 무의식 속에서 분노 이외에는 다르게 선택할 감정이 없어지게 된다.

4.

화와 음주

술로 화를 풀 수 있을까

화와 음주는 서로를 강화하거나 악화시킬 수 있는 복잡한 관계를 가지고 있다. 음주는 화를 유발하거나 증폭시킬 수 있으며, 화를 해소하려는 수단으로 음주를 선택하는 경우도 흔하다. 이러한 상호작용은 뇌의 작용, 호르몬의 변화, 행동적 요인에서 기인하며, 결과적으로 신체적·심리적 건강에 부정적인 영향을 미칠 수 있다.

"나 원래 그런 사람 아닌데… 술만 마시면 왜 이렇게 예민해질까?"
"평소엔 잘 참는데, 술 들어가면 별일도 아닌 걸로 욱해."

직장인이라면 이런 말을 한 번쯤 들어 본 적 있을 것이다. 혹은 직접 경험했을지도 모른다. 술은 사람을 편안하게 만들기도 하지만, 동시에 감정을 들쑤시고 충동을 자극하는 이중적인 얼굴을 가지고 있다. 특히 '화'라는 감정과 만나면 그 작용은 훨씬 극적이고, 때로는 위험할 수 있다.

그렇다면 도대체 왜 술을 마시면 화를 더 잘 내게 되는 걸까? 그 답은 뇌의 작동 방식과 신경전달물질, 그리고 감정을 조절하는 호르몬의 변화 속에 숨어 있다.

술은 '생각하는 뇌'를 먼저 무너뜨린다. 술을 마시면 가장 먼저 영향을 받는 뇌 부위는 바로 전전두엽이다. 이곳은 인간의 뇌 중에서도 가장 진화된 부분으로, 판단, 자기 통제, 도덕적 인식, 감정 조절과 같은 고차원적 기능을 담당한다. 우리가 평소 누군가의 무례한 말이나 불편한 행동을 참고 넘길 수 있는 이유도 전전두엽이 이성적인 판단을 도와주고 감정을 눌러 주기 때문이다. 하지만 술이 들어가면 이 전전두엽의 기능이 억제된다. 감정에 브레이크를 걸던 뇌의 기능이 느려지면서 사소한 자극에도 과도하게 반응하거나, 순간적인 충동에 휘둘리게 되는 것이다.

예를 들어, 평소 같으면 그냥 넘길 수 있는 친구의 농담 한마디도 술자리에서는 '무시당했다'는 느낌으로 받아들이게 된다. 이성적인 판단보다 감정적인 해석이 술로 인해 우선시되기 때문이다. 즉 술은 단순히 기분을 올리는 게 아니라 '참고 넘기는 힘'을 약하게 만드는 작용을 부추기게 된다.

반대로 술은 감정을 자극하는 뇌의 부분을 활성화시킨다. 전전두엽이 감정을 눌러 주는 역할을 한다면, 그 감정을 일으키는 역할을 하는 곳은 바로 편도체다. 편도체는 뇌 깊숙한 곳에 위치한 감정 센터로, 공포·분노·불안 같은 생존에 직결되는 감정들을 빠르게 감지하고 반응하게 만든다. 문제는 알코올은 이 편도체의 활동을 과도하게 활성화시키는 작용을 한다는 것이다.

그 결과, 평소보다 훨씬 민감하고 예민한 감정 상태가 된다. 조금만 불편한 말도 공격으로 받아들여지고, 조금만 감정이 상해도 반격이 필요하다는 식의 해석이 뒤따른다. 이는 술이 들어가면 감정이 더 거칠어지고, 반응은 더 날카로워지는 이유 중 하나다. 감정이 더 쉽게 폭발하고, 한번 올라간 감정은 쉽게 내려가지 않는다.

음주는 감정조절 호르몬의 불균형을 초래한다. 술은 단순히 뇌의 작동 방식을 바꾸는 것에 그치지 않는다. 우리가 느끼는 감정의 농도와 방향을 조절하는 신경전달물질의 균형에도 영향을 준다. 대표적인 것이 도파민과 세로토닌이다.

도파민은 쾌감과 보상에 관련된 물질이다. 술을 마시

면 도파민이 증가하면서 순간적인 기분 상승, 자신감, 활력을 느끼게 된다. 하지만 이 효과는 오래가지 않는다. 세로토닌은 감정의 균형과 안정성을 담당하는 신경전달물질이다. 알코올은 세로토닌 수치를 감소시키는 작용을 하며, 이는 충동성과 공격성을 증가시키는 원인 중 하나가 된다.

이기지 못할 상대방과 싸움해서 이길 수 있는 용기를 도파민이 불어넣어 준다. 그 용기에 힘을 얻어 실제로 싸움에 나서는 공격성이 세로토닌 수치 감소로 나타나게 되는 것이다. 세로토닌이 줄어들면, 감정을 조절하고 참는 힘이 떨어지며, 특히 분노를 억누르는 능력도 함께 약화된다.

즉 술을 마시면 감정은 들쑥날쑥해지고, 그중에서도 분노는 더 쉽게 치솟고, 덜 통제되는 상태가 되는 것이다. 감정은 원래 복잡한데, 술이 그걸 더 복잡하게 만든다.

사람은 누구나 화를 낼 수 있지만 그 화를 감추거나, 넘기거나, 천천히 식힐 수 있는 능력 또한 있다. 근데 술은 그 능력을 감소시키는 물질이다. 그렇기에 술이 화를 유발하거나 증폭시킨다는 것은 단순한 비유가 아니다. 실제로 뇌의 구조와 화학 반응, 감정조절 능력을 동시에 무너뜨리는 작용이 있기 때문이다.

우리는 감정을 통제하는 게 아니라, 술에게 넘겨주고 있을지도 모른다. 가끔 마시는 술이 문제는 아닐 수 있다. 하지만 누군가가 술을 마실 때마다 감정이 격해지고, 특히 화가 자주 나타난다면 그건 단순한 기분 문제가 아니다. 그 감정은 술이 만들어 낸 것이기도 하지만, 그보다 더 중요한 것은 내 안의 감정을 내가 직접 다루는 힘이 점점 약해지고 있다는 신호일 수 있다. 술은 감정을 없애 주지 않는다. 단지 감정의 속도와 크기를 왜곡할 뿐이다.

그래서 술김에 낸 화는, 술이 깨고 나서도 끝나지 않는다. 결국 우리는 내 감정을 나 스스로 통제하지 못하고 술에게 바통을 넘겨주는 위험한 상황에 처하게 되는 것이다. "그놈의 술 때문에……."라고 후회해 봤자 이미 늦은 셈이다.

내가 원하는 게 정말 술일까

누구나 살아가며 감정이 넘칠 때가 있다. 속이 타들어 가는 날, 울화가 치미는 순간도 있다. 물론 즐거운 때도 있지만, 대부분 기분이 좋지 않은 날 직장동료나 친구에게 "술 한잔 하자!"라고 수식어처럼 이야기한다.

실제로 많은 사람들은 분노나 스트레스를 느낄 때 술을 통해 잠시나마 언짢은 감정, 억눌린 감정을 해소해 보려고 한다. 처음엔 확실히 술이 도움이 되는 것처럼 느껴질 수 있다. 긴장이 풀리고, 말문이 트이고, 마음이 부드러워지는 듯하기도 하다. 못 했던 말을 친구에게 하면서 스트레스가 풀리는 것처럼 여겨지기도 한다.

하지만 문제는 그 효과가 오래가지 않는다는 데 있다. 더 정확히 말하면, 그 순간의 진정은 감정을 푸는 것이 아니라, 잠시 눌러 두는 일시적 환각에 가깝다. 그리고 그 눌려 있던 감정은 곧 더 거세고 복잡한 모습으로 되돌아오는 경우가 적지 않다. 나의 분노의 원인이 됐던 상대와 문제를 풀지 않는 한 그 감정은 해결되지 않기 때문이다.

술이 진정시켜 주는 건 '감정'이 아니라 '감각'이다 알코올은 중추신경계 억제제다. 몸과 뇌의 활동 속도를 잠시 늦춰 주는 물질이다. 그래서 술을 마시면 심장이 조금 느긋해지고, 머리는 약간 둔해지고, 그 순간만큼은 감정이 잦아든 것처럼 느껴진다.

화가 올라왔던 사람도 그 순간엔 '이제 좀 괜찮아졌다'고 느낄 수 있다. 하지만 이건 감정이 풀린 게 아니다. 그저 뇌가 감각을 무디게 만든 것이다. 마치 아픈 부위에 잠시 얼음을 대서 통증을 가리는 것과 같다. 감정의 본질은 그대로 남아 있다. 그리고 술이 깨면 그동안 억눌렸던 감정은 다시 깨어난다. 심지어 더욱 민감하게, 더 예민하게 나타나서, 오히려 감정의 앙금을 더 크게 만들 수도 있다.

술 마신 뒤 감정이 더 거세지는 이유는 무엇일까? 생리학적으로 보면 음주 후 일정 시간이 지나면, 알코올은 뇌 속에서 화학적으로 분해되기 시작한다. 이 과정에서 뇌의 신경전달물질의 균형이 깨진다. 안정감을 주는 세로토닌은 줄어들고, 흥분과 자극을 담당하는 글루탐산은 상대적으로 증가하며, 쾌감과 보상 물질인 도파민의 영향도 불규칙해진다.

그 결과, 술을 마신 직후보다 오히려 더 큰 분노, 더 예민한 감정 반응이 나타나게 된다. 화의 '반동Rebound'이다. 술 마시기 전보다 감정이 더 민감하고 날카로운 상태가 된다. 평소 같으면 그냥 넘겼을 일도 술이 들어가면서 유독 거슬리고, 작은 말이나 행동에도 쉽게 짜증이나 분노가 폭발하기도 한다. 마치 눌려 있던 풍선이 다시 튀어오르는 것과 유사하다.

"처음엔 괜찮았는데, 술 마시고 오히려 더 열 받더라."
"자고 일어났더니, 더 화가 나는 거 있지."

이건 감정이 다시 생긴 게 아니라, 눌려 있던 감정이 되살아난 것일 뿐이다. 반복되면, 감정보다 술이 먼저 떠오른다. 처음에는 단지 '힘든 날 한잔'이지만, 반복되면 몸과 마음은 점점 그런 생활에 익숙해진다.

화가 나면 술을 마시고, 술을 마시면 더 쉽게 화를 내고, 화가 나면 또 술이 생각나고……. 이런 식으로 화와 술은 서로를 강화하는 악순환을 만든다. 그리고 가장 무서운 건, 이 과정이 습관처럼 굳어진다는 점이다.

어느 순간부터는 "지금 화가 나니까 술을 마셔야겠어."
가 아니라, 화가 난 줄도 모르고 그냥 술을 찾게 되는 상
태가 된다. 결국 술이 감정을 다루는 유일한 통로가 되
고, 감정은 점점 더 건강한 방식으로 표현될 기회를 잃게
된다.

화를 다스리려다 오히려 더 큰 감정에 빠지게 된다. 술
은 감정을 없애 주지 않는다. 온전하게 봐야 할 나의 감
정을 잠시 흐리게 만들 뿐이다. 그리고 보이지 않는 감정
은 사라지는 게 아니라, 몸과 마음 깊은 곳에 잠복해 있
다가 더 취약한 순간에 튀어나온다. 이런 흐름은 자주
반복되면 자신도 모르게 자기 감정에 대한 신뢰를 잃게
된다.

'난 왜 이렇게 감정이 들쑥날쑥하지?'
'요즘 왜 이렇지? 내 감정을 조절할 수가 없는 느낌이야.'

이런 느낌은 곧, 자존감이 하락하게 되면 결국 무기력
감, 우울감으로 이어질 수 있다.

술보다 내 감정을 먼저 이해하는 연습이 필요하다. 술
을 찾기 전에 먼저 나에게 질문해야 한다. 어느 날 술이
화를 덮어 줄 수 있었던 건, 그저 그날의 감정이 감당하

기 힘들 만큼 컸기 때문일지도 모른다. 하지만 감정은 덮는 게 아니라 다뤄야 하는 대상이다. 술은 임시방편이 될 수 있지만, 그 방식이 반복되면 감정은 더 복잡해지고, 자기 자신에 대한 이해는 점점 멀어지게 된다.

화가 날 때, 술을 찾기 전에 "지금 내가 정말 원하는 건 뭘까?"를 자신에게 물어보는 습관이 필요하다. 때로는 그 답이 '이야기할 상대'나 '혼자만의 시간'일 수도 있다. 술은 감정을 조용히 만드는 게 아니다. 감정을 늦추는 것처럼 보일 뿐, 감각은 둔해지되 감정은 여전히 거기 있다.

술과 화가
우리 몸에서 격돌한다면

술을 마시고 화를 내는 일, 혹은 화가 난 상태에서 술을 마시는 일은 단지 그 순간의 감정에만 영향을 미치는 게 아니다. 몸은 그 감정과 행동을 그대로 기억하고, 반응하고, 상처를 입는다. 그리고 이 반응은 단발성으로 끝나지 않고, 반복될수록 신체의 여러 기관과 시스템에 누적해 부담을 준다.

음주와 화, 이 둘은 각자만으로도 몸에 강한 스트레스를 주는 요소다. 그런데 이 두 요소가 동시에 반복되면 신체는 회복할 틈도 없이 끊임없는 긴장과 과부하 속에 놓이게 된다. 바꿔 말하면, 음주라는 빌런Villain, 악당과 화라는 모런Moron, 바보이 번갈아 우리 집을 공격하다가, 어떤 때는 같이 공격하는 악조건일 수 있는 것이다.

우리는 화가 나면 심장이 두근거리는 걸 느끼는데, 술을 마셔도 심박수가 올라간다. 그런데 이 두 가지가 함께 나타나면 심장은 더 큰 부담을 받는다. 생리적으로 보면 먼저 심박수가 증가하고, 이는 혈압 상승과 혈관 부담으로 이어지고, 몸에 염증 반응을 활성화하게 된다. 이런 반응은 모두 심혈관 질환의 주요 위험 요인이다.

한두 번은 큰 문제가 아닐 수 있지만 이 반응이 반복되면 심장은 점점 지치고, 혈관은 손상된다. 특히 알코올과 분노는 모두 교감신경계를 흥분시키는 자극이다. 교감신경은 몸이 '위험하다'고 느낄 때 작동하는 시스템인데, 이게 자주 활성화되면 몸은 항상 긴장 상태에 놓이게 된다. 우리가 흔히 사망의 주요 요인으로 꼽는 고혈압, 심장마비, 협심증, 뇌졸중 등이 모두 분노와 음주와 연관이 깊다. 즉 술과 화는 심장을 이중으로 몰아붙이는 요소들이다.

몸속 호르몬의 균형이 흔들릴 때 감정은 더 거칠어진다. 감정은 단순히 기분이 아니다. 그건 몸 안에서 호르몬이라는 화학물질로 표현된다. 그리고 술과 화는 이 호르몬들의 균형을 무너뜨리는 데 아주 강력한 영향을 미친다. 특히 여기서 관여하는 중요한 호르몬은 세 가지다.

코르티솔은 스트레스 호르몬으로, 술을 마시면 이 호르몬의 수치가 올라가는데, 코르티솔이 많아지면 사람은 더 예민해지고, 쉽게 화를 낸다.

다음으로, 테스토스테론은 공격성 관련 호르몬으로, 술은 일시적으로 이 호르몬을 증가시킨다. 과도한 테스토스테론은 경쟁적이고 지배적인 행동, 그리고 분노 표현 증가와 관련이 있다.

다른 하나는 세로토닌으로, 감정 안정에 관여하는 호르몬이다. 술은 세로토닌 분비를 감소시켜 감정을 조절하고 참는 능력을 낮춘다. 이로 인해 사소한 자극에도 쉽게 흥분하거나 욱하는 반응을 보이게 된다. 이처럼 술과 화가 함께 작용하면 감정을 안정시키는 호르몬이 줄어들고, 감정을 자극하는 호르몬은 늘면서 감정은 더 날카롭고 폭발적으로 변화하게 된다.

술은 생각하고 멈추는 힘을 약하게 만든다. 술이 뇌에 영향을 준다는 건 누구나 알고 있지만 구체적으로 아는 경우는 드물다. 가장 큰 영향을 받는 부위는 전전두엽이다. 이 부위는 우리가 감정을 조절하고, 상황을 판단하고, '지금 멈춰야 한다'는 신호를 보내는 핵심 부위다. 술을 자주 마시면 이 전전두엽의 기능이 점점 둔해진다. 그리고 이 기능이 떨어지면 충동 조절 능력이 저하되고, 공격적인 행동이 증가한다. 자기 감정에 쉽게 휘둘리고, 후회할 만한 말을 생각 없이 내뱉기도 한다.

특히 화가 났을 때 '조금만 참자'는 생각이 들기 어려운 이유는 바로 이 전전두엽의 기능이 제대로 활동하지 못하기 때문이다. 이런 현상은 자주 술을 마시는 사람에게 더욱 빠르게 진행된다. 따라서 술과 화는 스스로 감정을 조절하는 힘을 줄이는 구조를 형성하게 된다.

반복될수록 몸은 더 예민해지고, 회복은 느려진다. 음주와 화가 반복되면, 몸은 항상 흥분 상태에 노출되면서 회복력을 잃게 된다. 평소보다 피로가 쉽게 오고, 면역력도 떨어지며, 조금만 스트레스가 와도 감정이 쉽게 격해진다. 몸이 화에 익숙해지는 게 아니라, 화에 무방비한 상태가 되어 간다. 이렇게 신체는 점점 더 민감해지고, 스트레스를 견디는 힘은 약해지며, 작은 자극에도 감정은 쉽게 폭발한다.

결국, 술과 화는 몸의 건강을 갉아먹는 조합이다. 우리는 흔히 감정을 마음의 문제로만 생각한다. 하지만 화는 신체 전체에 긴장과 자극을 동시에 부여하는 감정이다. 그리고 그 감정에 술이 더해질 때, 몸은 겉으로는 가만히 있어 보여도 속에서는 끊임없는 긴장과 에너지 소모가 이어진다. 화는 심장을 두드리고, 술은 그 심장을 무디게 만들다가 결국 더 약하게 만든다. 그 반복 과정에서 몸과 마음은 함께 고갈되고 만다.

감정은 혼자서 끝나지 않는다. 특히 분노는, 한 사람

이 느낀다고 끝나는 감정이 아니다. 그 분노가 술이라는 매개를 만나면 그 파장은 타인에게, 관계에, 그리고 결국 자기 자신에게까지 확장된다.

화와 음주, 이 두 가지가 반복되면 그 사람의 삶 전체를 둘러싼 사회적 관계망과 심리적 안정성이 흔들리기 시작한다. 처음에는 사소한 불편감이었을지 모르지만, 그 반복은 곧 '신뢰 손상'과 '자기인식의 왜곡'으로 이어진다.

흔히 술이 관계 혹은 신뢰 형성에 도움을 준다고 믿는 경우가 많다. 그러나 현실에서는 그런 기대대로 안 되는 경우가 허다하다. 오히려 대인관계의 붕괴로 이어질 수 있다. 술자리에서의 충돌, 감정이 격해진 대화, 기억나지 않는 말이나 행동, 이 모든 것들은 술을 마신 후 감정이 격해졌을 때 자주 벌어지는 일들이다. 그리고 그 결과는 상대방의 마음에 남는 상처로 나타난다.

"나중에 미안하다고 했지만, 자꾸 반복되니까 더 이상 믿기 어렵다."

"술 마실 땐 항상 말이 심해져서 불안하다."

"그날 일은 잊었지만, 그 사람을 대하는 나의 태도는 달라졌다."

이처럼 음주 후 분노를 표출하는 사람은 무심코 한 말이나 우발적으로 내뱉은 행동 하나로 신뢰를 잃게 된다. 문제는 이런 신뢰가 한번 손상되면 다시 회복하기까지 긴 시간과 반복적인 노력이 필요하다는 것이다. 심지어는 그런 노력의 기회가 주어지지 않을 수도 있다.

그런 이들과는 술자리를 같이하기가 부담스러워질 수밖에 없다. 상대방 입장에서는 처음 보는 분과 합석하는 자리도 만들기가 부담스럽다. 결국, 음주와 분노의 패턴이 반복되면 주변 사람들은 점점 그 사람에게 심리적 거리를 두게 되고, 이런 인식은 관계의 단절로 이어진다.

더 심하면, 이런 음주와 함께하는 분노는 폭력으로까지 이어질 수 있다. 이런 사람은 자신이 의도하지 않은 방식으로 말하고, 행동하게 된다. 그 결과는 단순한 말다툼을 넘어서 언어적 폭력, 감정적 학대, 신체적 충돌로 이어질 가능성이 커진다.

특히 가정 내에서 이 조합은 더 위험하다. 집이라는 폐쇄적인 공간에서 반복되는 술과 분노는 가족 구성원에게 정서적 위협이 되고, 아이들에게는 트라우마로 남기도 한다. 아이 앞에서 벌어지는 감정 폭발, 배우자에게 쏟아지는 비난, 이성을 잃은 채 오간 거친 손짓과 목소리. 이런 장면들이 반복되면 그 관계는 기능적인 형태를 잃고,

서로가 서로를 피하게 되고, 심리적 고립 상태로 접어
든다.

점점 자기 자신을 이해하지 못하게 되고, 처음에는 감
정을 누르기 위해 마셨던 술이 오히려 감정을 증폭시킨
다는 걸 알게 되는 순간, 우리는 혼란에 빠지게 된다.

'내가 왜 이러지?'
'술만 마시면 내가 아닌 것 같아.'
'분명히 감정은 좀 풀린 것 같은데, 다른 사람과 관계가 더
힘들어진 것 같아.'

이런 자기인식의 혼란은 곧 자기혐오와 죄책감으로 이
어진다. 그리고 그것은 다시 우울감, 불안, 감정 무기력
상태로 연결된다. 그 누구보다도 가장 큰 상처를 받는 사
람은 그 화를 내고 술을 마신 자기 자신이다. 감정을 다
루는 힘은 떨어지고, 자존감은 낮아지고, 자기통제에 대
한 신뢰도 사라진다.

절망이 마음 한구석에 자리 잡을 때 사람은 점점 더 술
과 분노에 의존하게 된다. 관계도, 마음도, 결국 회복해
야 할 대상이 된다. 음주와 화가 반복된 이후 남는 것은
대화의 단절, 관계의 거리, 자신에 대한 실망이다.

처음에는 '그냥 술 한잔 때문'이었다고 생각했을 수 있다. 하지만 그 감정과 행동의 여파는 너무 크고, 회복하기까지 많은 에너지를 요구한다.

그때부터 회복의 방향은 두 가지로 나뉜다. 감정을 술로 덮는 방식으로 계속 버티거나, 감정을 말하고 풀고 이해하는 방식으로 바꾸어 보거나. 전자는 반복을 낳고, 후자는 회복을 낳는다.

물론 쉬운 길은 아니다. 하지만 진짜 변화는 언제나 자각에서 시작된다. 그렇지 않으면 화는 관계를 밀어내고, 술은 감정을 가리며, 결국 남는 건 외로움과 후회뿐이다. 그렇다면 지금 필요한 건 술을 끊는 결심 이전에, 내가 진짜 다루고 싶은 감정이 무엇인지 마주하는 용기일지도 모른다.

Part 3

'욱' 하는 우리,
분노하는 사회

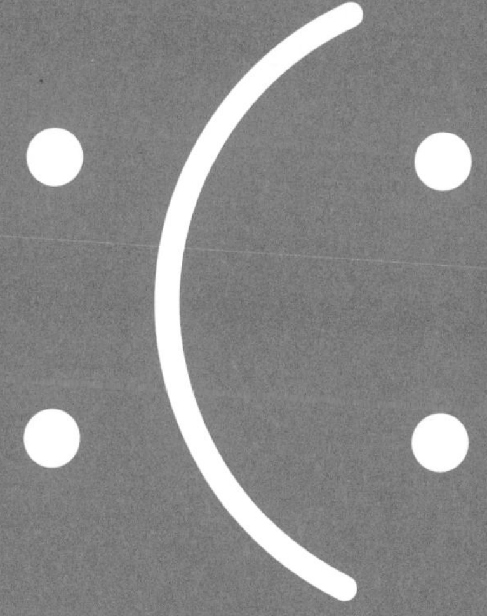

1.

집안과 직장에서
시작되는 분노

집안에서 '버럭'…
후회 인생의 지름길

가족은 삶에서 가장 가까운 존재인 동시에, 가장 깊은 감정의 충돌이 일어날 수 있는 관계다. 사랑과 책임, 기대와 의무가 얽혀 있는 만큼, 감정의 상처도 더 쉽게 생긴다. 특히 화는 가족 사이에서 자주 오고 가는 감정이다. 사소한 말이나 행동이 예상보다 강한 반응으로 연결되고, 반복되다 보면 깊은 갈등으로 발전한다.

우리나라에서 1960년대에 크게 히트했던 노래가 있다.

"비둘기처럼 다정한 사람들이라면, 장미꽃 넝쿨 우거진 그런 집을 지어요. 메아리 소리 해맑은 오솔길을 따라, 산새들 노래 즐거운 옹달샘터에, 비둘기처럼 다정한 사람들이라면, 포근한 사랑 엮어 갈 그런 집을 지어요!"

왜 비둘기 가족이 화목한 가정으로 묘사되었는지는 알

수 없으나, 가수 이석의 〈비둘기집〉은 1960년대 산업화 과정의 힘든 시기에서도 평화롭고 포근한, 어떻게 보면 이상적인 가정을 상정해서 부른 노래이다. 이런 집이 그리 많지야 않겠지만, 가정을 꾸리려는 사람이라면 남녀 모두 저렇게 화목한 가정을 그리는 건 어쩌면 당연하다.

하지만, 화는 그 가정을 조금씩 좀먹기 시작한다. 화는 순간이지만, 가족 안에서의 화는 오랜 흔적을 남기고 관계를 서서히 변화시킨다. 더욱이 문제는 가까운 사이라고 해서 화를 더 쉽게 내는 경우가 적지 않다는 것이다. 이렇게 되면 평생 만나야 하는 사이임에도 앙금 탓에 눈물을 흘리는 사이로 이어진다.

부모와 자녀 관계에서의 화는 특히 조심스럽게 다뤄져야 할 대상이다. 어렸을 때 자식이지, 품 안을 떠나면 사실 이제 부모가 통제하기 어렵다. 문제는 좋은 것이든 나쁜 것이든 부모가 갖고 있던 감정을 무의식적으로 자녀에게 물려주게 된다는 것이다. 그중 하나가 분노일 수 있다.

"엄마가 그렇게 하지 말라고 했지!"
"왜 또 그렇게 해, 도대체 왜 그러는데!"
"뭘 하나 제대로 하는 게 없어!"

부모가 자주 화를 내는 가정에서는 아이가 정서적으로 위축되기 쉽다. 아이는 자신이 잘못됐다고 느끼거나, 늘 실망을 주는 존재라고 스스로를 인식하게 된다. 그렇게 되면 스스로 위축된다. 이는 자존감 형성에 악영향을 주고, 자아 정체감에도 혼란을 불러온다.

안타까운 일이지만 아이는 점점 자신의 감정을 숨기고, 부모의 눈치를 보며 자라난다. 설령 하고 싶은 말이 있어도 부모한테 혼날까 봐 이야기하지 못한다. 결국 부모와 자녀 사이의 정서적 거리는 멀어지고, 서로의 속마음을 알기 어려워진다. 앙금이 쌓이기 시작하는 것이다.

이뿐만이 아니다. 아이는 부모의 화내는 방식을 무의식적으로 학습한다. 바로 '분노의 전염'이다. 바이러스 같은 감염병만 전염되는 게 아니다. 갈등 상황에서 화를 통해 문제를 해결하려는 모습을 반복적으로 보게 되면, 아이 역시 그 방식을 자신의 것으로 받아들이게 된다. 어떻게 보면 그게 가장 쉬워 보이는 방식이다.

별도로 그 문제를 직시해서 논리적으로 풀어 나가려는 방법은 아예 그 아이의 대안에 존재하지 않게 된다. 이는 성인이 된 이후에도 공격적이거나 방어적인 행동으로 이어지며, 건강하지 못한 대인관계 패턴을 만드는 원인이 된다. 이런 패턴은 학교 혹은 직장 생활에서도 이어져 인생을 암울하게 만드는 요인으로 작용할 수 있다.

배우자 혹은 연인 관계에서도 화는 빈번하게 나타난다. 첫 만남부터 눈이 맞으면 모든 게 좋아 보인다. 하지만 시간이 갈수록 조금씩 틈이 보이기 시작하고, 조그만 잘못에도 예민해져 투정을 부리기 쉽다. 첫 투정이야 아양으로 받아 주기도 하지만, 시간은 연인을 그대로 놔두지 않는다. 특히 피곤하거나 스트레스가 쌓인 상황에서 배우자의 말이나 행동이 예상과 다르면 감정의 폭발로 이어지기 쉽다.

이런 반복된 화는 서로에게 '정서적 소외감'을 만들어 낸다. 시간이 흐를수록 그간의 정들었던 대화보다 서로의 부정적인 면이 부각되면서 감정의 충돌이 많아지고, 결국 이들은 서로에게 솔직한 감정을 표현하기보다는 피하게 되고, 거리감은 더욱 깊어진다. 대화할수록 감정의 골이 깊어지게 된다.

서로 대화를 통해서 서운한 감정을 순간순간 풀지 못하면 화가 '반사적인 감정'으로 나타나는 경우도 많다. 한쪽이 화를 내면 다른 쪽도 함께 감정적으로 반응하면서 상황은 악화되기 마련이다. 나쁘게 보면 이제는 서로에게 화낼 준비를 하는 상황이 이어지는 것과 같다.

"내가 그거 하지 말랬잖아!"
"당신은 나한테 해준 게 뭐가 있다고 그래?"
"남이 할 소리를 하고 있네, 참나."

이런 식의 상호작용이 반복되면, 두 사람 사이에 신뢰가 줄어들고, 애정은 식어 가고, 사소한 일도 쉽게 큰 다툼으로 번질 수 있다. 결국엔 서로를 이해하기보다, 감정적으로 상처만 주고받는 관계가 된다.

가정 내에서 화가 반복되는 근본적인 이유 중 하나는 스트레스와 피로다. 직장생활, 육아, 경제적 어려움 등은 일상에서 긴장을 높이고 여유를 없애기 마련이다. 평소에는 넘길 수 있는 말 한마디도 스트레스를 받은 날엔 날카롭게 다가온다.

특히 가까운 연인과 가족에게는 더 쉽게 감정을 표출하게 된다. 결국 쌓인 피로와 스트레스가 갈등의 불씨가 되는 셈이다.

"엄마, 그걸 뭐 하러 해! 내가 창피해서 못 살겠어!"
"아니, 나한테 집에서 지금까지 뭘 해준 게 있다고 그래!"

친한 사이라고, 혹은 가족 간이라고 편하게 말하다 보

면 가슴에 비수를 꽂는 것 같은 상처를 남기는 경우가 적지 않다.

기대와 현실의 차이도 화를 일으키는 중요한 요인이다. 우리는 가족에게 더 많이 기대하고, 더 많은 역할을 바란다. 하지만 현실이 그 기대에 미치지 못할 때, 실망은 곧 화로 이어진다.

예를 들어, 배우자가 가사 분담에 소극적이거나, 자녀가 학업에서 원하는 결과를 얻지 못했을 때 실망이 생긴다. 이 실망은 직접 표현되기보다는 화로 포장돼 터지기 쉽다. 정작 속마음은 '속상하다', '서운하다'인데도 말이다.

또한 의사소통의 부족은 가족 간 갈등을 더욱 심화시킨다. 말하지 않고 쌓인 감정은 폭발하게 마련이다. 특히 자신의 감정을 표현하는 데 익숙하지 않은 사람일수록 화라는 방식으로 감정을 드러내기 쉽다. 상대는 그 이면의 감정을 이해하지 못한 채, 단순히 '화를 내는 사람'으로 받아들이고, 그 결과 오해는 더욱 깊어진다.

이런 상황을 해결하기 위해서는 몇 가지 노력이 필요하다.

첫째는 화를 건강하게 표현하는 법을 익히는 것이다.

예를 들어, '나' 전달법을 활용하면, 상대방의 방어를 줄이면서 자신의 감정을 전달할 수 있다. "왜 그렇게 해서 남들 기분을 나쁘게 하는데?"보다는 "그렇게 하는 걸 보고, 내가 기분이 상했어."라고 말하는 것이 갈등을 줄이는 데 효과적이다. 감정은 표현하되, 상대를 공격하지 않는 방식이 중요하다.

둘째, 열린 의사소통을 지향하는 것이다. 가족 간에는 감정을 드러내는 것이 안전하다고 느껴야 한다. 특히 부모는 자녀에게 감정을 표현할 수 있는 기회를 자주 제공해야 한다. 매일 "오늘 하루 어땠니?"라는 질문을 던지는 것만으로도 아이는 감정을 말로 풀 수 있는 연습을 하게 된다. 배우자 간에도 감정 상태를 정기적으로 점검하며 대화의 시간을 갖는 것이 필요하다.

셋째, 스트레스를 관리하는 자기 돌봄이다. 누구든지 지쳐 있으면 쉽게 화가 난다. 나 자신이 건강하지 않으면 가족과의 관계도 건강하기 어렵다. 규칙적인 운동, 취미 생활, 혼자만의 시간 등은 단순한 휴식이 아니라 가족과의 갈등을 줄이기 위한 준비 과정이기도 하다. 특히 부모는 자녀를 돌보는 만큼 자신을 돌보는 것도 중요하다는 점을 잊지 말아야 한다.

넷째, 가정 내에서 갈등을 줄이기 위한 규칙을 함께 만드는 것이다. 예를 들어, 가사 분담에 대한 합의, 자녀의 학업과 관련한 기대치를 미리 조율하는 것 등이 있다. 이런 규칙은 가족 간 신뢰를 높이고, 불필요한 오해와 감정 충돌을 예방하는 데 도움이 된다. 단, 이 규칙은 일방적인 강요가 아니라, 모든 구성원이 동의하고 함께 만든 것이어야 한다.

마지막으로, 해결되지 않는 갈등이 반복된다면 전문가의 도움을 받아 보는 것도 필요하다. 가족상담은 단순히 문제 해결을 넘어, 서로를 더 깊이 이해하는 과정이 될 수 있다. 전문가의 중재를 통해 감정을 조율하고, 서로의 진심을 다시 마주하는 기회를 만들 수 있다. 이는 단지 문제를 고치는 것이 아니라, 더 나은 관계를 만들어 가는 성장의 일부다.

화는 피할 수 없는 감정이지만, 다루는 방식은 선택할 수 있다. 특히 가족 사이의 화는 더 큰 파급력을 갖는다. 누군가의 분노가 가족 전체의 정서적 분위기를 흔들 수 있기 때문이다. 그렇기에 우리는 화를 단순히 참거나 외면하지 말고, 들여다보고 표현하고 관리하는 방법을 배워야 한다. 그것이 곧 가족의 평화를 지키는 시작이다.

직장에서 '버럭'…
부메랑으로 돌아온다

직장은 단지 일을 하는 곳만은 아니다. 사람과 사람이 부딪치고, 협력하며, 목표를 향해 나아가는 복합적인 인간관계의 현장이다. 그만큼 다양한 갈등이 발생하고, 화라는 감정이 곳곳에서 모습을 드러내곤 한다. 하지만 이 화는 개인의 스트레스에 그치지 않고 조직 전체의 분위기와 생산성에 큰 영향을 미친다. 그래서 직장에서의 화를 어떻게 다루는가는 개인의 감정 조절을 넘어 조직의 성공과 직결되는 문제다.

직장에서 화가 생기는 주요 원인 중 하나는 과도한 스트레스다. 마감 기한에 쫓기거나, 업무량이 지나치게 많을 때 우리는 쉽게 예민해진다.

예를 들어, 대기업에 다니는 김 대리가 프로젝트 마감을 앞두고 밤늦게까지 야근을 반복하고 있었다. 어느 날 회의 중 팀장이 사소한 수정을 지시하자, 김 대리는 순간적으로 얼굴이 붉어지며 날카롭게 반응했다. 평소라면 그냥 넘겼을 말도 스트레스가 쌓이면 도화선이 되어 폭발하게 되는 것이다. 특히 역할이 모호한 상황, 즉 자신의 책임이 무엇인지 명확하지 않거나, 다른 사람과의 역할 충돌이 반복되면, 직원은 무력감과 분노를 동시에 느낀다.

의사소통 문제도 직장 내 화의 중요한 원인이다. 상사나 동료가 명확하지 않은 지시를 내릴 때 직원은 혼란을 느낄 수밖에 없다. 이 때문에 업무가 지연되거나 결과가 좋지 않으면, 결국 책임은 전달받은 사람에게 돌아온다.

또한, 피드백이 부재하거나 부적절하게 주어졌을 때도 마찬가지다. 열심히 일했는데 무시당하거나, 오히려 비판만 듣게 되면 실망과 함께 분노가 차오른다. 특히 감정을 드러내기 어려운 직장 환경에서는 이 화가 내면에 쌓이다가 어느 순간 갑작스럽게 폭발하기 쉽다.

직장에서의 불공정한 대우도 분노를 유발한다. 승진이나 보상에서 불투명하거나 편향된 결정이 내려지면, 조직에 대한 신뢰가 무너진다. 특정 직원만 편애하거나, 같은 성과를 냈는데도 보상에 차이가 있다면 불만은 더욱 빠르게 번지기 마련이다.

박 대리가 자신보다 입사 연차도 짧고 성과도 비슷한

동료가 먼저 승진했다는 사실을 알게 되었다고 치자. 이유를 묻자, '부서장의 판단'이라는 애매한 답변만 들었다. 이후 박 대리는 회의에서 말수가 줄고, 팀워크에도 소극적으로 참여하게 됐다. 분노는 겉으로 드러나지 않더라도 팀 전체의 분위기를 서서히 무너뜨리는 독이 된다.

또 하나의 중요한 요인은 권력 다툼이다. 직장 내 권력이나 자원의 분배가 제한되어 있을 때, 경쟁은 치열해지고 감정은 날카로워진다. 서로를 견제하거나 이기려는 태도는 갈등을 키우고, 그 중심에는 종종 분노가 자리 잡고 있다. 특히 리더가 이 과정에서 공정성을 잃거나 권위를 앞세우면, 조직 내 감정의 균형은 무너지기 쉽다.

이러한 화와 갈등은 단순히 개인 간의 문제가 아니라, 조직 전체에 영향을 미친다. 가장 먼저 나타나는 것은 생산성의 저하다. 감정적으로 소모된 직원은 업무 집중도가 떨어지고, 협업보다는 회피와 방어에 더 많은 에너지를 쓰게 된다. 팀 프로젝트가 지연되거나, 업무의 질이 저하되는 현상은 결국 조직의 목표 달성에 걸림돌이 된다.

또한 화는 팀워크를 훼손한다. 팀원 간 신뢰가 사라지면 솔직한 의견 교환이나 상호 피드백은 줄어든다. 특히 감정이 얽힌 갈등은 의사소통의 질을 떨어뜨리고, 협업보다는 고립을 선택하게 만든다. 이는 곧 팀 전체의 성과 저하로 이어진다.

직장 내 반복되는 화는 이직률을 높이는 요인이 되기도 한다. 근로자들이 감정적 안전을 느끼지 못하는 조직에서 오래 머무르기를 꺼린다. 갈등이 계속되고, 해결되지 않으며, 변화의 여지가 보이지 않는다면 '이별'을 선택한다. 이렇게 되면 조직은 인재를 잃고, 새 직원을 채용하고 교육하는 데 드는 비용과 시간이 늘어난다.

뿐만 아니라, 화와 갈등이 만연한 조직은 문화가 활기차지 못하다. 직원들은 서로를 믿지 못하고, 위에서 내려오는 결정에도 불신을 품는다. 이러한 조직에서는 혁신과 창의성도 줄어들고, 소극적이고 방어적인 분위기가 지속된다.

그렇다면 이런 상황을 어떻게 개선할 수 있을까?

가장 먼저 필요한 것은 의사소통의 개선이다. 상사는 명확하고 구체적인 지시를 내려야 하며, 피드백은 정기적으로 공정하게 제공해야 한다. 또한 열린 대화의 분위기를 조성하는 것도 중요하다. 의견을 자유롭게 표현할 수 있는 환경은 갈등을 사전에 예방하는 데 큰 도움이 된다.

공정성 확보 역시 중요하다. 보상과 승진, 업무 분배에서 공평한 기준이 적용돼야 하며, 그 기준은 구성원 모두가 납득할 수 있는 것이어야 한다. 이를 위해서는 조직의 규칙과 정책이 명확하고, 누구에게나 잣대가 동일해야 한다.

스트레스 관리도 간과해서는 안 된다. 스트레스가 높은 환경에서는 사소한 일에도 쉽게 감정이 격해진다. 조직은 워크숍이니 세미나를 통해 스트레스 관리와 분노 조절에 대한 교육을 제공할 수 있다. 직장의 여러 사정상 쉽지 않은 일이지만, 유연근무제나 심리상담 프로그램과 같은 복지제도는 직원들이 감정을 조절할 수 있는 여유를 제공해야 한다.

팀워크 강화를 위한 활동도 효과적이다. 팀 빌딩 워크숍이나 레크리에이션, 프로젝트 협업은 팀원 간의 신뢰를 형성하고, 함께 목표를 향해 나아간다는 소속감을 강화한다. 특히 팀의 성공 사례를 공유하면서 협력의 성과를 느끼게 해주는 것도 중요하다.

마지막으로, 갈등 관리 훈련은 필수다. 조직은 갈등이 발생했을 때 이를 중재할 수 있는 중립적인 인물을 지정하고, 직원들에게는 감정을 건설적으로 표현하는 방법을 교육해야 한다. 특히 비난보다는 해결 중심의 피드백 문화를 조성하는 게 중요하다.

직장은 감정이 배제된 공간이 아니다. 오히려 다양한 감정이 교차하며 협력과 성장이 이루어지는 현장이다. 그만큼 화라는 감정을 적절히 다루는 역량은 개인뿐 아니라 조직 전체의 건강과 직결된다. 감정을 억누르기보다는 이해하고, 갈등을 회피하기보다는 해결하려는 태도. 이것이 직장 내 화를 줄이고, 팀워크를 강화하며, 모두가 함께 성장할 수 있는 길이다.

'디지털' 화가 가족·사회 분노 키운다

요즘은 화가 단지 내 머릿속 혹은 가정이나 직장에서만 머무르지 않는다. 우리가 들고 다니는 스마트폰 안에, 손끝 하나로 접속하는 인터넷 속에도 화는 있다. 아니, 정확히 말하면 인터넷은 화를 담는 그릇이 아니라 화를 증폭시키는 앰프와 같다.

사실 분노는 전염된다. 다만 이제는 그 전염 속도가 빛의 속도에 가까워졌다는 점이 다를 뿐이다. 이제 우리는 '사회적 화'라는 개념을 도입해야 할 정도다.

사회적 화란 무엇인가? 우리는 흔히 분노를 개인적인 감정으로만 생각한다. 누군가가 나를 무시하거나, 억울한 일을 당했을 때 느끼는 감정 말이다. 하지만 현대사회에서는 이 분노가 개인을 넘어서 '집단'의 감정이 되기도 한다. 이를 사회적 화라고 부른다.

사회적 화는 특정한 이슈에 대해 사람들이 공동으로

분노를 느끼고, 그 감정을 함께 공유하며 퍼뜨리는 현상이다. 정치적 사건, 유명인의 실언, 기업의 부도덕한 행동 등에서 쉽게 나타난다. 중요한 것은 이 감정이 단순한 불만이나 항의가 아니라, 정서적으로 연결된 군중의 '감정 연대'로 작용한다는 점이다. 이때의 분노는 정의를 실현하기 위한 도구로 여겨지기도 하고, 때로는 폭력적 분출로 이어지기도 한다.

특히 디지털 환경에서는 수많은 사람들이 동시에 반응하고, 댓글, 공유, 해시태그 등 다양한 방식으로 자신의 감정을 표현하면서 그 파급력은 더욱 커진다. 사회적 화는 단순한 '화남'이 아니라, 시대와 공동체의 긴장 상태를 보여 주는 하나의 징후다.

소셜미디어는 그 자체로 감정의 무대다. 사람들은 기쁜 소식도, 억울한 사연도, 때로는 혼자 삼켰던 분노까지 이곳에서 풀어낸다. 하지만 그 많은 감정 중에서 유독 빠르게 확산되는 것이 있다면 바로 분노다. 단 몇 초 만에 사람들을 반응하게 만들고, 클릭하게 만들고, 달려들게 만드는 감정이 바로 분노다.

왜 분노일까? 분노는 감정 중에서도 가장 강력한 에너지를 갖고 있기 때문이다. 기쁨이나 슬픔도 충분히 강하지만, 분노는 즉각적이다. 누군가의 말 한마디, 어떤 장면 하나에 자극받아 곧바로 반응하게 만든다. 그리고 그 반응은 댓글, 공유, 리트윗, 해시태그처럼 다양한 형태로 온라인을 타고 빠르게 퍼진다. 분노는 움직임을 만든다. 손가락을 움직이게 하고, 키보드를 두드리게 하고, 어떤 때는 직접 행동하게도 만든다.

플랫폼의 입장에서는 이런 분노가 오히려 이득이다. 사용자들이 더 자주 접속하고, 오래 머물며, 더 많이 반응하기 때문이다. 누군가의 실수나 논란성 발언이 터질 때마다 알고리즘은 그 소식을 더 많은 사람에게 노출시킨다. 그중 누군가는 동조하고, 누군가는 비난하며, 그렇게 또 다른 분노가 형성되고, 이 모든 과정이 하나의 순환 고리처럼 반복되며 플랫폼을 끊임없이 돌아가게 만든다. 클릭이 많아질수록 광고 수익은 올라가고, 그 안에서 사람들은 점점 더 예민해지는 시스템이다.

여기에 또 하나 중요한 요소가 있다. 바로 익명성이다. 인터넷 공간에서는 실명을 밝히지 않아도 된다. 프로필 사진 하나 없이 닉네임 하나만으로도 충분히 발언할 수 있다. 오프라인이라면 망설일 말이나 행동도 온라인에서는 가볍게 튀어나온다. 그리고 그 말은 상대방의 마음에 깊은 상처로 남는다. 익명성은 책임감을 덜어 주고, 죄책감을 흐리게 만든다. "그냥 한마디였을 뿐."이라는 말로 모든 것이 정당화되기도 한다.

이런 구조 속에서 어떤 문제는 비판으로 시작되었다가, 공격으로 변질되기 쉽다. 그리고 그 경계는 생각보다 훨씬 얇다. 예컨대, 어느 날 유명 연예인이 올린 평범한 일상 블로그가 문제가 됐다. 그는 아이스크림을 사 먹고 길가에 앉아 먹는 장면을 담았는데, 문제는 무심코 쓰레기를 제대로 치우지 않고 자리를 떴던 것이다. 이 영상은 누군가에 의해 캡처되었고, SNS에서 급속도로 퍼졌다. 사람들은 '공공질서를 무시한 행동'이라고 지적했고, 분노가 쏟아지기 시작했다. 물론 그 행동은 분명 잘한 것은 아니지만, 문제는 커져만 갔다.

그 연예인은 결국 사과 영상까지 올렸다. 하지만 댓글에는 '진정성이 없다', '이런 사람은 방송할 자격이 없다'는 말들이 이어졌다. 비판은 집단적 분노로 전환되었고, 그 분위기 속에서 그는 한동안 활동을 중단해야 했다. 단 한 번의 부주의가 수백만 명의 분노로 되돌아온 것이다.

이와 유사한 사건은 거의 매일 벌어진다. 청문회를 앞둔 장관 후보자의 10년 전 페이스북이 논란을 일으키기도 한다. 영상에 올라온 수년 전 농담이 오늘의 공격 대상이 되기도 한다. 소셜미디어는 그 사람의 사과나 반성보다 그가 얼마나 많은 분노를 불러일으켰는지에 집중한다. 마치 '분노의 양'이 '사건의 심각성'을 대신 판단하는 기준처럼 작동하는 것이다.

더 큰 문제는 이러한 분위기가 '정의'로 포장된다는 점이다. 누군가를 향한 비난이 단순한 감정 발산이 아닌 '정의 실현'이라는 명분을 얻는 순간, 더 거칠고 과격한 표현도 정당화된다. '이런 사람은 응당 이런 대접을 받아야 해', '우리가 바로잡아야 해'라는 식의 집단적 정당화는 더 큰 공격성을 허용하게 만든다.

또한 알고리즘은 우리에게 자꾸만 비슷한 감정, 유사한 관점을 가진 콘텐츠를 보여 준다. 분노에 공감하는 글, 영상, 댓글만 계속 접하게 되면서 '내가 느낀 화는 정당하다'는 확신이 강화된다. 그 결과 다른 의견이나 차분한 목소리는 무시되거나 배척당하고, 냉정함보다 격한 감정이 더 많은 '좋아요'를 받고, 이성보다는 감정의 표현이 더 많은 '공유'를 얻게 된다.

이런 상황이 반복되다 보니 사실 우리가 공감하고 때로는 분노하는 게 맞는지에 대한 의문도 드는 셈이다.

"우리가 화내는 방식은 과연 건강한가?"

"그 화는, 내 안에서 비롯된 것인가, 아니면 누군가 설계한 분노인가?"

소셜미디어는 분명 우리의 일상과 감정을 나누는 중요한 공간이다. 하지만 동시에, 우리의 분노를 자극하고, 확산시키며, 때론 왜곡된 방식으로 흘러가게 만들 수 있는 강력한 도구이기도 하다. 그렇기 때문에 과연 지금 내가 소셜미디어에 공유하는 것들이 거대한 분노의 흐름을 만들거나, 적어도 휩쓸린 반응인지 되묻고 생각해 봐야 한다.

2.

화난 시민,
정치에 분노하다

분노의 확산과
'에코 체임버' 효과

인터넷이 가진 가장 강력한 특성 중 하나는 속도다. 과거에는 누군가의 분노가 다른 사람에게 전달되기까지 시간이 필요했다. 친구에게 하소연하거나, 신문 칼럼에 글을 실어야 했다. 하지만 지금은 다르다. 단 한 줄의 트윗, 한 장의 이미지, 몇 초짜리 영상 하나로도 감정은 전파된다. 특히 분노는 그중에서도 가장 빠르고 강하게 움직이는 감정이다.

누군가가 분노를 표현하면, 사람들은 해시태그를 붙이고 공유하며 그 감정에 동참한다. 처음에는 "맞아, 이건 정말 화나는 일이야."라는 동조로 시작되지만, 곧이어 누군가는 한층 더 과격한 표현으로 분노를 드러낸다. 이는 경쟁처럼 느껴지기도 한다. 누가 더 강하게 말하느냐, 누가 더 단호하게 규탄하느냐가 관심을 끌기 때문이다. 감정의 강도가 곧 영향력으로 연결되는 것이다.

이런 분노의 확산은 마치 불씨가 강풍을 타고 번지는 것과도 같다. 단 하나의 게시물에서 시작된 분노가 몇 시간 만에 수십만 명의 반응을 이끌어 내고, 이후에는 언론 보도와 여론조사로까지 이어진다. 개인의 감정이 집단의 정서로, 더 나아가 사회적 이슈로 커지는 것이다. 때로는 사건의 본질보다 그에 반응하는 감정이 더 주목받기도 한다.

이 과정에서 매우 중요한 역할을 하는 것이 '반향실'이라는 '에코 체임버Echo Chamber' 현상이다. 자신이 내뱉은 말이 메아리처럼 되돌아오는 공간을 말한다. 소셜미디어에서는 이 효과가 더욱 두드러지는데, 플랫폼이 사용자의 관심사와 성향을 분석해 유사한 관점의 콘텐츠를 반복적으로 보여 주기 때문이다. 이 말은 곧, 내가 어떤 주제에 분노하고 있다면, 나와 같은 분노를 느끼는 사람들의 의견만 자꾸 보게 된다는 뜻이다.

이러한 알고리즘은 편안하고 익숙한 공간을 제공하지만, 동시에 다양한 관점이 사라지는 부작용도 낳는다. 내 생각과 다른 시선은 자연스럽게 사라지고, 내 감정과 유사한 콘텐츠만 반복되면서 마치 '내가 옳고, 다른 사람들도 다 이렇게 생각한다.'라는 착각에 빠지게 만든다.

최근 현실, 유튜브를 보시라. 그 효과를 바로 확인할

수 있다. 확증편향만 높여 주는 결과를 반복하게 된다. 결과적으로 감정은 더욱 증폭되고, 분노는 더 정당화된다. 더 나아가, "왜 저 사람은 분노하지 않지?"라는 의심은 물론 분노의 대상이 확대되기도 한다.

예를 들어, 한 유명 연예인의 실언에 대해 분노한 사람들이 있다고 하자. 이들은 관련 기사를 공유하고, 비판 댓글을 단다. 알고리즘은 그런 사용자에게 그 사건과 관련된 또 다른 분노 유발 콘텐츠를 계속 보여 준다. 이 과정에서 분노는 점점 더 확신으로 변하고, 다른 시각은 '틀린 것'이 된다. 반대로 해당 인물을 옹호하는 사람들도 자신들만의 반향실 안에서 목소리를 키운다. 이 두 집단은 서로의 의견을 이해하기보다는 점점 더 극단적으로 치닫게 되고, 결국 남는 것은 이성과 대화가 아닌 감정의 대립이다.

이처럼 에코 체임버는 분노가 빠르게 퍼지는 환경을 만들 뿐 아니라, 분노의 강도를 조절할 브레이크를 사라지게 만든다. 더 많은 사람들이 공감하고 있다는 착각은 우리를 더욱 격렬하게 만든다. 반면 다른 시각은 '적'으로 분류되어 공격 대상이 되기도 한다. 단순한 의견 차이가 어느 순간 감정의 충돌로, 나아가 혐오와 배척으로 확산되는 것이다.

이런 환경 속에서 우리는 자주 '정치적 편가르기', '젠더 갈등', '세대 간 혐오' 같은 표현을 듣게 된다. 그리고 그 중심에는 언제나 감정이 있다. 특히 분노는 '내가 옳다'는 도덕적 확신과 결합될 때, 더 거세고 확고해진다. 그것은 때로 정의감처럼 느껴지지만, 본질적으로는 상대를 이해하려는 마음을 지우고, 오직 이분법적인 판단만 남게 만든다.

우리가 분노에 휩쓸릴수록 더 많은 콘텐츠가 우리를 자극하고, 비슷한 감정을 다시 보여 주며, 다시 분노하게 만든다. 이는 분노의 순환이자 강화의 고리다. 때문에 지금 이 분노가 정말 내 감정인지, 아니면 내가 접한 정보들이 만든 감정인지, 지금 내가 이 문제를 얼마나 다양한 관점에서 볼 수 있는지, 냉철히 생각해 봐야 한다. 평온감은 그 관점에서 나올 수 있다.

온라인 혐오와
사이버 폭력

인터넷은 수많은 목소리가 교차하는 공간이다. 다양한 의견과 생각들이 모이는 열린 광장 같기도 하고, 누구나 자유롭게 발언할 수 있는 평등한 공간처럼 보인다. 하지만 그 자유는 언제든지 다른 사람을 향한 날카로운 창이 되기도 한다. 특히 분노가 결합되면, 그 감정은 단순한 의견 표현이 아니라 누군가를 해치는 무기가 되기 쉽다. 그 어두운 그림자가 바로 온라인 혐오와 사이버 폭력으로 연결되기도 한다.

처음에는 가벼운 비판일 수 있다. "저건 좀 아닌 것 같다." 하지만 그 말에 누군가 "맞아, 나도 싫었어."라고 동조하고, 또 다른 누군가는 "이건 사회 문제다."라며 한술을 더 뜨게 된다. 그렇게 비판은 점점 분노로 바뀌고, 어느 순간 대상은 사람이 아닌 적이 된다. 한번 찍힌 이는 인간으로서의 존엄이나 사생활은 무시된 채, 감정의 배출구로 전락하고 만다.

이런 현상에서 가장 대표적인 것이 바로 '트롤링Trolling'이다. 트롤은 온라인 공간에서 일부러 다른 사람을 자극하고, 혼란을 일으키는 행위를 말한다. 그들은 논리나 팩트보다 감정을 흔드는 말 한마디로 상대를 불편하게 만들고, 화를 유도한다. 누군가 그 말에 분노하면 그 반응 자체에 만족하는데, 마치 감정의 불씨를 던져 놓고 그 불꽃이 커지는 걸 즐기는 듯한 태도다. 문제는 이런 트롤링이 때론 장난처럼 여겨지지만, 상대방에겐 깊은 상처를 남긴다는 것이다.

더 나아가 분노는 '혐오 표현Hate Speech'으로 확장되기도 한다. 성별, 인종, 종교, 성적 지향, 정치 성향 등에 따른 특정 집단을 향한 비난은 그 자체로 사회적 긴장을 조장하며, 갈등을 심화시킨다. 인터넷은 누구나 쉽게 참여할 수 있는 공간이기에, 누군가가 던진 혐오의 언어는 빠르게 전염되고 반복된다. 특히 익명성과 군중심리가 결합되면 그 혐오는 개인이 감당하기 어려울 정도로 커지게 된다.

예를 들어, 한 젊은 정치인이 인터뷰에서 "모든 사람이 평등하게 대우받아야 한다."라는 발언을 한 적이 있다. 단지 그것뿐이었지만, 그에게 쏟아진 반응은 생각보다 격렬했다. "페미냐?" "여혐은 왜 안 다루냐?" "정치질하지 마라." 그의 SNS 계정은 수천 개의 악성 댓글로 뒤덮였고, 일부 커뮤니티에서는 그를 비하하는 짤방과 밈이 퍼졌고, 악성 문자에 시달리는 사태로 연결되기도 했다. 이처럼 인터넷의 분노는 단순한 감정을 넘어, 누군가의 일상과 경력을 무너뜨리는 파괴력을 지닌다.

'사이버 폭력Cyber Bullying'은 사실 그냥 폭력을 넘어 피해자가 죽음에 이르게 할 정도이다. 영화배우 이선균, 이새롬 등, 그 피해자가 일부 잘못이 있었다고 해도 결국 죽음까지 이를 정도인지, 정말로 안타까운 일이다.

이런 사이버 폭력은 결코 온라인에만 머무르지 않는다. 실제 현실세계에서도 피해자는 정신적 고통에 시달리며 우울증과 불안장애를 겪는 경우가 많다. 특히 청소년이나 젊은 층은 정체성이 완전히 자리 잡기 전이라 심리적 충격에 더 취약하다. 극단적인 선택으로 이어지는 안타까운 사례들도 끊이지 않는다. 10대 학생이 친구들의 단체 채팅방에서 받은 조롱과 악성 메시지로 인해 목숨을 끊은 사건, 연예인이 인터넷 악플로 인해 삶을 마감한 사건 등은 우리 사회에 시사하는 바가 크다.

하지만 문제는 이 폭력이 종종 '정당한 분노'로 포장된다는 점이다.

"저 사람이 잘못했으니 비판받아야 해."
"이건 사회 정의를 위한 목소리야."

물론 잘못을 지적하는 건 필요하다. 그러나 그 '비판'이 '공격'으로 바뀌는 순간, 그것은 더 이상 지적이 아니다. 분노의 이름을 빌린 폭력은 그 어떤 명분으로도 정당화될 수 없다는 것이다.

게다가 사이버 폭력은 매우 일방적이고, 오래 지속된다. 한번 퍼진 글은 쉽게 지워지지 않고, 피해자는 계속해서 자신의 과거를 마주하게 된다. 반면 가해자는 자신이 누군가의 삶에 어떤 영향을 끼쳤는지 모른 채 일상을 살아가는 악순환이 반복되게 된다.

때문에 사회적으로 이러한 분노가 언제, 어떻게 혐오로 변화하는지를 스스로 감시해야 하고, 이를 자정하는 기능이 필요하다. 모두가 쉽게 감정을 표현할 수 있는 시대일수록, 그 감정의 무게를 조절하는 문화가 더욱 필요해진 셈이다. 감정은 자유롭지만, 그 표현은 책임이 따르는 법이다.

분노는 우연이 아니다

"이건 우리 모두가 분노해야 마땅한 일입니다."

자신이 지지하는 정치인이 특정 연설에서 이런 말을 할 때, 우리는 흔히 공감하고 고개를 끄덕인다. 분노가 정의로 포장되는 순간이다. 하지만 이 질문도 함께 던져야 한다.

"그 분노는 누구를 위한 것인가? 누구에게 유리한가?"

정치에서 분노는 단순한 감정이 아니다. 그것은 전략이고, 도구이며, 때론 무기가 된다. 사람의 감정 중에서도 분노는 특히 강력한 행동 유발력을 갖고 있다. 정치인은 이 점을 누구보다 잘 안다. 그렇기에 분노는 종종 가장 먼저, 가장 세게 건드려지는 감정이다.

우리가 정치를 이야기할 때 가장 먼저 떠오르는 것은

무엇일까? 희망이나 신뢰라고 대답하는 사람도 있겠지만, 많은 이들은 짜증이나 화가 먼저 난다는 이도 있을 것이다. 정치 뉴스만 보면 한숨부터 나오고, 어떤 인물의 발언에 화가 치밀어 오르고, 내가 지지하지 않는 진영의 주장에 속이 뒤집히기도 한다. 그런데 이 분노, 정말 우연히 생기는 것일까?

사실 정치에서 분노는 우연이 아니다. 오히려 의도된 전략이다. 많은 정치인들과 정치 집단은 대중의 분노를 자극하고 활용함으로써 자신의 영향력을 키우고, 지지층을 결집시키는 데 적극적으로 이용한다.

현대 정치에서 분노는 단순한 감정 표현이 아니라, 철저히 계산된 전략 도구다. 선거 캠페인부터 정당의 공식 성명, 정치인의 발언에 이르기까지, 감정 중에서도 특히 분노는 가장 강력하게 활용된다. 이유는 간단하다. 분노는 사람의 주의를 끌고, 행동을 유도하며, 가장 빠르게 반응을 이끌어 내는 감정이기 때문이다.

"당신이 지금 힘든 거 저들 때문입니다."
"우리가 이렇게 된 건 저 진영의 잘못입니다."

이러한 말들은 복잡한 분석이나 토론 없이도 대중의

감정을 단숨에 자극한다. 특히 지금과 같은 경기 불황과 실업 증가 같은 사회적 스트레스가 높은 시기에는 이런 감정적 메시지는 더욱 강하게 작동한다. 사람은 불안할 때 이유를 찾고, 분노할 대상을 찾는 경향이 크다. 정치인은 그 심리를 정확히 겨냥한다.

통상 대통령 선거에서 각 후보들의 대선공약은 조금씩 차이가 있다. 하지만 시간이 갈수록 자신의 우수성과 공약을 홍보하기보다는 상대방의 잘못을 비방하고 이를 확대 포장하는 방향으로 전락하는 경우가 허다하다. 뉴스에서 자주 보는 국회 정쟁은 더 심한 경우가 많다. 이를 통해 상대방에 대한 분노를 자극함으로써 득표하려는 전략을 견지하는 셈이다. 이른바 '분노 유발 프레임'이다.

한쪽에서는 "재벌 감세는 서민의 피를 빠는 정책"이라 하고, 다른 쪽에서는 "복지는 일하지 않는 사람을 위한 세금 낭비"라고 말한다. 이런 발언들은 사실 여부를 따지기도 전에 감정을 먼저 자극한다. 국민은 '맞아, 내가 화가 나는 게 당연하지.'라고 느끼며 감정적으로 몰입하게 된다.

여기서 중요한 점은 이 분노가 단지 기분의 문제가 아니라, 행동으로 이어진다는 것이다. 그래서 투표를 하고, 정치 후원금을 내고, SNS에 의견을 공유하고, 집회에 참여한다. 정치적 감정 중에서도 분노는 가장 강력한 동력이다.

심지어 정치 마케팅 전문가들 사이에서는 "분노를 설계해야 대중이 움직인다."라는 말이 나올 정도다. 냉정한 정책 홍보보다는 적을 만들어 내고, 감정을 흔드는 메시지를 던지는 쪽이 훨씬 더 효과적이라는 것이다.

이때 자주 활용되는 전략 중 하나가 '공공의 적 만들기'와 '편 가르기'다. 정치인은 실체가 불분명하거나, 복잡하게 얽힌 사회문제를 단순화시켜 "이 모든 건 저들 때문이다."라는 구조로 설명한다. 예를 들어, 부동산 가격이 오르면 기득권 탓이라고 하고, 청년 실업이 심해지면 이민자나 외국인 노동자 때문이라고 돌린다. 이때 만들어진 공공의 적은 감정을 단순화시키고, 행동 방향을 명확하게 만들어 준다. "그들을 이기자!" "이 사람을 지지하자!"라는 식으로 분노가 구체적인 지지 행동으로 이어지게 된다.

그런데 이러한 분노 정치가 반복되고 고착되면 사회 전체가 극단으로 치닫게 된다. 정책의 합리성, 공공성, 효율성보다 '누가 더 크게 분노를 드러내는가', '누가 적에게 더 날카롭게 공격하는가'가 주요 포인트로 등장하고, 정치는 이를 이용하게 된다.

과거에는 조용하고 신중한 리더십이 높이 평가받았다면, 지금은 공격적이고 선명한 화법이 지지를 받는 경향이 크다. 분노가 일종의 정치 언어, 정당성을 확보하는 수단이 되어 버린 것이다.

결국 이런 감정의 정치가 낳은 것은 사회적 단절과 양극화다. 정치적 논쟁은 점점 감정싸움이 되고, 이견에 대한 대화보다는 적대와 조롱이 넘쳐난다. 유권자들도 더 이상 정책을 기준으로 후보를 선택하지 않고, '나를 화나게 하지 않는 사람'을 선택한다. 이는 민주주의의 근본 취지인 '합의와 타협'을 어렵게 만들고, 정치권은 점점 더 진영 논리에 갇히게 되는 것이다. 정치가 분노를 건드리는 이유는 그 감정이 효과적인 탓이다.

감정 정치가 만들어 낸 벽

정치란 본래 다양한 가치와 관점이 충돌하면서도 그 사이에서 공존과 합의의 가능성을 찾는 과정이다. 우리는 생각이 다를 수 있고, 의견이 다를 수 있지만, 결국은 한 사회에서 함께 살아가기 위해 서로 조율하고 양보하는 구조를 만들어 왔다.

하지만 이 균형은 언제든 깨질 수 있다. 그리고 그 균형을 가장 쉽게 무너뜨리는 것이 바로 분노다. 정치가 감정, 특히 분노를 중심에 두게 되면, 논의는 사라지고 적대감만 남는다. 과거 대통령 선거 방송 토론회에서 여실히 그 현실을 보여 줬다.

정당 간의 경쟁은 더 이상 정책이나 비전의 차이가 아니라 '이기는가 지는가', '우리냐 그들이냐'의 대결로 압축된다. 대화와 타협이라는 단어는 낡은 가치처럼 여겨지고, 누가 더 강하게 상대를 비난하느냐가 정치인의 능력처럼 여겨지기도 한다.

가령 진보와 보수, 좌파와 우파의 차이는 원래 각자의 철학과 해결 방식의 차이에 불과하다. 같은 문제에 대해 접근하는 방식이 다를 뿐이다. 하지만 이 차이가 분노와 결합하면 상황은 완전히 달라진다. 그 차이는 '다름'이 아닌 '잘못됨', 더 나아가 '위험함'이 되어 버린다. 결국 상대는 단순히 다른 생각을 가진 존재가 아니라, '해를 끼치는 존재', '없애야 할 대상'으로 인식되기 시작한다.

이러한 감정의 변화는 일상 속 언어에도 스며든다. "진보는 말이 안 통해." "보수는 사람 취급도 못 받게 해야 해." "그쪽 지지자들은 무조건 틀렸어." 이런 말들이 거리낌 없이 오가는 시대다. 상대 진영에 대한 조롱과 혐오는 이제 정치 커뮤니티뿐 아니라, 일상 대화 속에서도 어렵지 않게 등장한다. 특히 SNS에서는 이 같은 감정의 언어가 더욱 극단적으로 표현된다. 단어는 짧고, 감정은 과장되며, 타인은 쉽게 블록하거나 신고하는 존재로 전락한다.

정치는 이렇게 점점 감정화되고, 사회는 점점 양극화되는 것이다. 특히 위정자들은 이 양극화를 전략적으로 활용하기도 한다. 중도층의 폭넓은 설득보다는, 확고한 지지층을 자극하고, 그들의 감정을 지속적으로 일으켜

투표장으로 이끌어 내는 것이 훨씬 간편하고 확실하기 때문이다.

"내 말을 믿는 사람들만 있으면 된다."
"반대편은 절대 설득되지 않는다."

이런 사고방식은 결국 정치의 목적을 '전체의 공익'이 아닌 '내 편의 승리'로 바꿔 놓는다. 이런 구조 속에서는 정책은 뒷전으로 밀리고, 선거는 이성의 대결이 아니라 감정의 충돌 무대가 되어 버린다.

결국, 후보는 누구를 어떻게 더 세게 비난하느냐에 따라 주목을 받고, 공약보다는 상대에 대한 조롱이 더 많이 회자된다. 정작 국민의 삶을 바꿀 중요한 정책은 제대로 논의되지도 못한 채 사라져 버리는 것이다.

이 현상은 한국 사회에만 국한된 이야기가 아니다. 재임에 성공한 미국 트럼프 대통령. 극단적인 언행과 분열을 조상하는 전략으로 유권자의 표를 얻었고 집권 이후에 그 전략을 유지하고 있다. 그는 줄곧 "미국을 망친 건 저들이다."라는 메시지를 반복했고, 이민자, 언론, 반대 세력에 대한 분노를 끊임없이 유도했다. 이 전략은 성공했다. 선거에서 승리했고, 지지층의 결속은 강해졌다. 하지만 동시에 미국 사회는 전례 없는 수준의 갈등과 분열을 경험하고 있다.

영국의 브렉시트Brexit 역시 마찬가지다. 유럽연합 잔류와 탈퇴를 두고 벌어진 국민투표는 원래 복잡한 경제·외교적 판단이 필요한 문제였다. 하지만 정치권은 그 복잡한 토론 대신, 국민들의 감정을 자극하는 전략을 택했다. "우리의 일자리를 외국인이 빼앗고 있다." "국가 주권이 유럽연합에 넘겨졌다." 이런 구호들은 논리보다 감정에 호소했고, 결국 사회를 둘로 쪼개 놓았다. 탈퇴 후 영국이 겪는 정치·경제적 혼란은 지금도 계속되고 있다.

유럽 곳곳에서도 비슷한 양상이 나타난다. 난민 문제, 경제난, 정치 불신을 배경으로 극우 정당들이 급속히 성장하고 있다. 이들의 전략은 단순하고 명확하다. 분노를 자극하고, 적을 설정하고, 감정을 증폭시키는 것. 그리고 그 감정의 흐름을 정치적 지지로 바꾸는 것. 이 공식을 통해 그들은 사회 내부의 균열을 파고들고 있다.

우리는 지금 '정치가 감정을 이용하는 시대'를 살아가고 있다. 감정은 더 이상 부수적인 요소가 아니라, 정치의 주 무대에 올라와 있다. 특히 분노는 가장 자주, 그리고 가장 세게 동원되는 감정이다.

이런 시대에 필요한 건 단순히 '분노하지 말자'는 말이 아니다. 중요한 것은 내 감정을 객관적으로 바라보는 태도다. 내가 느끼는 이 분노가 정당한 문제의식인지, 아니면 누군가의 전략에 휘말린 반응인지. 그 감정이 사회를 더 나은 방향으로 움직이게 하는지, 아니면 더 깊은 벽을 세우는 데 쓰이고 있는지 말이다.

3.

분노에 중독되는 사회

집단적 화와 대중 행동

모든 분노가 나쁜 것은 아니다. 오히려 역사를 돌아보면, 진짜 변화를 만든 힘은 '참을 수 없는 감정'에서 비롯됐다. 분노는 억압된 현실을 뒤흔드는 불꽃이기도 하다. 그 불꽃은 때로 아주 작고 미약하게 시작되지만, 수많은 사람들의 공감과 참여를 이끌어 내며 커다란 불길이 된다. 민주화 운동, 여성의 참정권 투쟁, 인종차별 철폐 시위, 기후위기 대응을 촉구하는 세계 청년들의 행동까지, 이 모든 움직임의 시작점에는 억눌렸던 분노가 있다.

"왜 우리는 배제되는가?"
"왜 우리 목소리는 들리지 않는 가?"

이런 질문은 단순한 불만이 아니다. 이는 사회의 구조적 문제에 대한 감정적이고 윤리적인 응답이다. 이러한 분노는 단순히 나를 위한 것이 아니라, 더 나은 세상을 만들기 위한 감정의 외침이다. 분노는 그런 점에서 때론 정의롭고, 정당하기도 하다.

오늘날에도 그 흐름은 계속되고 있다. 성차별에 분노한 여성들이 거리로 나서고, 기후위기를 방관하는 정치권에 분노한 청년들이 "우리의 미래를 보장하라!" 외친다. 또한 혐오에 침묵하는 사회에 분노한 소수자들은 자신들의 존재를 드러내며 "침묵하지 않겠다." 선언한다. 이러한 분노는 사회가 듣지 않던 목소리를 들리게 만들고, 가려졌던 존재들을 보이게 만든다.

그러나 문제는 그 감정이 제대로 다뤄지지 않을 때 생긴다. 처음엔 평화로웠던 시위가 작은 충돌 하나를 계기로 돌연 폭력적으로 변질되기도 한다. 분노가 집단의 감정으로 증폭되면, 그 에너지는 통제하기 어려운 방향으로 흘러간다. 돌 하나, 욕설 하나가 모든 흐름을 바꾸기도 한다. 그 순간 언론은 시위의 본래 목적보다 '과격한 장면'에 집중하고, 대중의 관심도 "왜 저렇게까지 하지?"로 돌아선다.

문제는 일부의 이러한 과격한 행동이 전체를 왜곡시킨다는 것이다. 정당한 분노였고, 절박한 외침이었지만, 그 감정이 폭력이라는 방식으로 표현된 순간부터 사회는 냉

담해진다. 더 나아가 정치권은 이 상황을 역이용하기도 한다. 시위대 전체를 '불법'으로 몰고, '폭도'라는 프레임을 씌운다. 소수의 과격 행동을 전체 시민의 얼굴처럼 만들어 버리는 것이다. 분노는 본래 정의를 향한 외침이었지만, '선동된 집단'이라는 오명을 뒤집어쓰기도 한다.

더 심각한 경우는, 정치인이 대중의 분노를 의도적으로 유도하고 조장할 때다.

"분노하라!"

"당신들의 분노가 세상을 바꾼다!"

이런 메시지는 듣기에는 멋지고 정의로워 보인다. 하지만 그 안에 숨겨진 의도는 때로 대중의 감정을 이용해 정치적 이득을 챙기려는 계산일 수도 있다. 감정은 정당할 수 있지만, 누군가가 그 감정을 도구화할 때, 이를 경계해야 한다.

정치가 분노를 자극하는 수준을 넘어서, 감정을 설계하고 유도하며, 그것을 통해 권력을 강화하고자 할 때, 우리는 그 지점을 분명히 인식하고 막아야 한다. 분노는 사람을 깨어 있게 만들 수 있지만, 동시에 판단력을 흐릴 수도 있어서다. 그렇기에 우리는 더더욱 '스스로의 감정'을 확인하고 점검할 수 있는 태도를 가져야 한다.

'문화적 코드'가 된 분노

오늘날 우리는 분노 속에 살고 있다고 해도 과언이 아니다. 길거리에서, 인터넷에서, 뉴스에서, 그리고 우리가 즐기는 영화나 드라마, 심지어 광고 속에서도 분노는 당연한 감정처럼 자리 잡았다. 이제 분노는 어떤 특별한 상황에서만 느끼는 강한 감정이 아니라, 일상의 일부 혹은 문화적 코드처럼 소비되기까지 하고 있다.

우리가 익숙하게 받아들이는 대중문화 속에는, 사실 분노라는 감정이 생각보다 자주 등장한다. 그리고 그 분노는 단지 나타나는 데서 그치지 않고 멋있게, 정당하게, 때로는 당연하게 묘사된다. 이것이 바로 우리가 사는 시대, 분노의 문화이기도 하다.

오늘날 대중문화는 분노를 단순한 감정 이상의 것으로 다룬다. 하나의 큰 서사구조를 갖고, 영웅처럼 나타나면서, 때로는 일반 대중의 분노를 대신 풀게 해주는 장치가 된다. 지속적으로 흥행몰이를 하고 있는 〈범죄도시〉는 분노를 자극하고, 가만히 살펴보면 어느새 그것을 일상적으로 받아들이게 만들기도 한다.

영화와 드라마의 경우, 주인공이 억울한 일을 당하거나 부당한 구조와 맞서 싸워야 할 상황에서 분노는 매우 강렬한 감정적 장치로 사용된다. 관객은 그 분노에 쉽게 몰입하고, 함께 감정을 공유하게 된다. 그 분노가 악을 무너뜨리고 정의를 실현하는 방식으로 해소될 때 우리는 카타르시스를 경험하게 되는데, 단순히 이야기 하나를 본 것이 아니라 감정적으로 해방된 듯한 느낌을 받게 되는 것이다.

특히 액션영화나 복수극에서는 이러한 서사구조가 명확하다. 주인공은 가족을 잃거나, 믿었던 사람에게 배신당하고, 거대한 악에 맞서게 되는데 이 과정에서 그가 느끼는 분노는 '정의로운 감정'으로 묘사된다. 예를 들어, 〈존 윅〉과 〈글래디에이터〉 같은 영화들은 주인공의 분노를 정의 구현의 도구로 보여 준다. 관객은 자연스럽게 그 감정에 이입하고, 주인공의 폭력조차 정당한 것으로 받아들이게 된다. 분노는 곧 의로움의 표현이 되고, 화를 내는 사람이 진실되고 강한 사람처럼 그려진다.

드라마에서도 마찬가지다. 억울한 누명을 쓴 주인공

이 참다가 결국 폭발하는 장면은 시청자의 감정을 통쾌하게 만든다. 특히 현실에서는 쉽게 말하지 못하고 눌려 살아가는 사람들이 많기 때문에, 이런 인물의 분노는 시청자에게 일종의 대리 만족을 준다. 우리는 그 인물의 화냄에 속이 시원하다고 느끼고, 그 사람을 '멋지다'고 말한다.

분노는 어느새 용기, 솔직함, 강인함의 상징이 된다. 그 결과, 우리는 '화를 잘 내는 사람'에 대해 부정적 인식보다는 오히려 선망과 감정이입을 하게 되는 것이다. 특히, 최근 들어서는 넷플릭스 등에서 과거에는 상상할 수 없었던 수많은 작품들이 쏟아져 나오면서 그 현상은 더욱 뚜렷해지고 있다.

이러한 흐름은 대중음악에서도 이어진다. 랩과 록 장르에서는 분노가 직접적으로 표현된다. 사회 구조에 대한 비판, 불의에 대한 저항, 억눌린 감정의 분출, 이런 요소들은 특히 청소년과 청년 세대에게 강한 지지를 얻는다. 이들은 음악을 통해 자신이 하고 싶은 말을 대신 들어 주는 듯한 감정을 경험한다. "내가 하고 싶은 말인데, 저 사람이 대신 말해 준다." 이것은 곧 감정의 해방이 되고, 분노는 저항의 상징으로 자리 잡는다.

그러나 이런 분노의 반복 노출은 때로 감정에 대한 감

수성을 무디게 만든다. 우리는 점점 분노에 익숙해지고, 누군가가 감정을 강하게 표출하지 않으면 진심이 아니라고 느끼기도 한다. 마치 '감정의 인플레이션'과 같다. 감정 표현의 기준이 점점 높아지면서 '화내지 않는 사람'은 소심하거나, 존재감 없는 사람처럼 비쳐지는 위험도 생긴다. 화는 더 이상 특별한 감정이 아니라, 존재감을 드러내기 위한 필수 요소처럼 느껴지는 사회가 되어 가는 것이다.

그렇다면 뉴스 미디어는 어떤가. 문화적 현상일 수도 있지만, 뉴스는 이제 정보 전달의 수단만이 아니다. 감정, 그중에서도 분노를 자극하는 장치로 작동하는 경우도 적지 않다. 잔잔한 뉴스는 뉴스가 아니다. 전통 미디어의 와해 속에 인터넷 미디어의 등장 때문이기도 하고, 네이버나 다음 같은 포털을 통한 경쟁적인 뉴스 소비가 이유일 수도 있다.

자극적인 제목, 강한 어조의 기사, 충격적인 영상은 독자의 분노를 불러일으키기에 충분하다. 그렇게 해야 뉴스가 선택되고 소비될 수 있다는 믿음 때문일 수도 있다. 이제는 '충격', '분노', '분개' 같은 단어는 포털사이트 뉴스 제목에서 너무 자주 등장한다. 이러한 표현은 단지 감정을 묘사하는 것이 아니라, 감정을 유도하는 장치다.

범죄, 사회적 불공정, 극단적 발언 등이 앞다퉈 보도되고, 사람들은 그 정보를 매일 반복해서 접한다. 그 결과, 뉴스 소비는 정보 습득이 아니라 분노의 소비가 되기도 한다. 클릭 수는 올라가고, 광고 수익은 커지면서 더 수위를 높이는 악순환이 이어지는 것이다. 언론은 그 감정을 이용하고, 우리는 감정적으로 반응하며, 그렇게 분노가 일상화된다.

결국 대중문화는 분노를 미화하고 자극하면서, 동시에 우리를 그 감정에 익숙하고 무감각하게 만드는 방향으로 이끌고 있다. 우리는 분노에 쉽게 반응하면서도, 그 분노가 실제로 얼마나 필요한 감정인지, 혹은 단지 자극에 반응한 것인지 구분하기 어려워졌다. 물론 화는 여러 감정 중 하나이며, 우리에게 내재된 감정이다. 하지만 그것이 너무 자주, 너무 쉽게, 너무 자극적으로 등장하면서 감정의 불균형이 고착화하는 것이다.

분노는 드라마 속 캐릭터처럼 강하게 표현될 수도 있지만, 현실에서는 신중하고 절제되게 다뤄야 하는 감정이다. 그래야만 분노는 진정한 의미를 잃지 않고 우리 삶을 더 나은 방향으로 이끄는 에너지가 될 수 있다.

감정도 마케팅이 되는 시대

이제는 기업들까지도 분노를 마케팅의 도구로 활용하고 있다. 감정은 오래전부터 광고의 중심 요소였지만, 그 중에서도 분노는 최근 들어 더욱 주목받는 감정이 되었다. 그 이유는 간단하다. 분노는 즉각적인 반응을 불러일으키고, 강한 인상을 남기며, 기억에 오래 남기 때문이다.

광고는 감정을 자극하는 데 아주 능숙하다. 소비자의 감정을 건드리는 슬로건, 영상, 메시지는 제품이나 서비스 자체보다 더 강력한 인상을 남긴다. 특히 '불공정에 맞서는 당신의 선택', '침묵하지 않는 용기', '정의로운 소비' 같은 표현들은 상품 구매 행위를 마치 사회적 실천처럼 포장하기도 한다. 이른바 분노를 전략화하는 것과 같다.

예를 들어, 한 패션 브랜드는 여성 인권 문제에 분노하는 메시지를 담은 광고 캠페인을 진행하며, 티셔츠 하나를 사는 것이 곧 '젠더 정의 실현에 동참하는 행동'이라고 주장하기도 한다. 또 어떤 커피 브랜드는 환경 파괴에 대한 분노를 전면에 내세우며, 친환경 포장을 선택한 자신의 제품을 '지구를 지키는 소비'로 강조한다. 소비자는 분노에 공감하며, 단순히 제품을 구매하는 것이 아니라, 자신의 신념과 감정을 표현하는 행위로 받아들이기도 한다.

물론 이런 광고 자체를 무조건 비판할 수는 없다. 광고는 사회적 트렌드를 반영해서 기업 매출을 올리거나, 비영리법인이라면 더욱 소구력을 높여 특정 목적에 국민들이 관심을 갖게 하도록 유도하는 것이기 때문이다.

이처럼 분노는 이제 소비를 유도하는 감정이 되고 있다. 감정을 움직이는 것이 곧 지갑을 움직이게 만드는 방식이다. 우리가 무엇인가에 화가 날수록, 우리는 무언가를 통해 그 감정을 해소하고 싶어지고, 그 욕구를 제품이나 서비스 소비로 풀게 된다. 홧김에 쇼핑하러 가고, 홧김에 스트레스 해소 차원에서 안 하던 결정을 하는 것 모두가 결국 같은 패턴으로 이어지는 것과 같은 이치다.

그리고 기업들은 이 구조를 정교하게 파악하고 활용하고 있다. 이러한 흐름은 온라인 공간, 특히 SNS에서도 강하게 드러난다. SNS에서는 "이런 일이 벌어졌습니다. 말이 됩니까?" "당신은 아직 이 사건을 모르시나요?"라는 식의 게시물들이 하루에도 수십, 수백 건씩 쏟아진다. 이른바 분노 유도형 콘텐츠다. 자극적인 기사 제목과 사진, 과격한 요약, 강한 어조의 캡션은 이용자의 감정을 단숨에 끌어올린다.

이런 게시물에는 하나의 패턴이 숨어 있다. 그것은 바로 '분노는 반응을 부른다'는 공식이다. 사람들은 화나는 뉴스에 더 빨리 클릭하고, 댓글을 더 많이 달고, 공유도 더 활발히 한다. 플랫폼 알고리즘은 이런 콘텐츠를 우선 노출시키고, 결국 분노가 더 많이 노출되는 구조가 만들어진다. 이러한 감정 자극의 순환은 콘텐츠 제작자에게는 트래픽과 수익을, 플랫폼에게는 체류 시간을, 사용자에게는 끊임없는 감정 소모를 가져온다. 이런 요인들 때문에 이른바 극단적인 유튜버가 등장해서 자극적인 콘텐츠를 생산해 내게 된다. 심지어 파면된 전임 대통령마저도 객관적인 시각을 갖지 못하고 자신을 지지하는 유튜버에 심취해서 그 분노를 공유하기까지 한 것이다.

세상이 정말 분노할 일로 가득해서일 수도 있지만, 어쩌면 우리는 이미 분노에 익숙해져 있는 것은 아닐까? 분노에 길들여졌고, 감정적으로 반응하도록 훈련됐으며, 그 과정 속에서 스스로 피로해지고 있는지도 모른다.

분노의 중독성

분노는 중독성을 지닌다. 많은 사람들이 분노를 불쾌한 감정으로 인식하지만, 분노는 일시적으로 자기 확신과 쾌감을 동반하기도 한다. 화를 내는 순간 자신이 옳다고 느끼고, 상대방보다 우위에 있다고 생각하게 된다. 그렇기 때문에 그 순간의 감정은 자신감을 준다.

억눌린 현실에서 마치 자신이 화를 내면서 주도권을 되찾은 듯한 착각을 만들어 내기도 한다. 옛말에 "방귀 뀐 놈이 성낸다."라는 말이 있다. 잘못을 저지른 쪽에서 오히려 성냄을 비꼬는 말인데, 현실에서도 이런 경우가 적지 않다.

그렇기에 분노는 반복될수록 감정적 습관이 되고, 습관은 곧 패턴화된 반응이 된다. 자극이 없는 상태에서는 오히려 허전함을 느끼고, 분노할 사건이 없으면 심리적으로 불안해지는 현상까지 생기기도 한다. 그래서 일부 사람들은 아이러니하게도 스스로 분노를 찾아다닌다. 뉴스 댓글을 뒤지며 화날 만한 내용을 읽고, SNS에서 논쟁성 글을 일부러 클릭하고, 남의 다툼 영상이나 자극적 사건에 눈을 떼지 못하기도 한다.

이러한 행동은 결국 분노를 감정이 아닌 일상 정서로 고정시키는 결과를 낳게 된다. 나쁘게 이야기하면 분노의 일상화다. 자칫 잘못하면 분노는 이제 특정 상황에서만 느끼는 감정이 아니라, 그냥 '늘 함께 있는 정서'가 된다. 그리고 그렇게 되면, 감정의 건강한 순환은 멈춰 버리게 된다. 편도체의 지휘에 따라 기쁨, 감동, 슬픔, 평온함 같은 감정이 공평하게 자리 잡아야 하는데, 분노 외에 다른 감정은 설 자리가 줄어들게 되는 것이다.

분노라는 감정이 득세하게 되면, 이는 공감능력 저하로 이어질 수 있다. 지나치게 자극적인 콘텐츠에 반복 노출되면 사람은 점점 감정에 무뎌진다. 기뻐하고 슬퍼하는 일상의 감정도 점점 메말라 가고 무뎌지게 된다.

결국 공감해야 할 일에 대해서도 "저런 일은 흔하지." "또 그런 사건이야." "다들 너무 예민해."라는 식의 반응을 보이게 된다. 사실 분노에 중독된 상태에서 나타나는 감정 무력화 현상이 자리를 잡아 가는 셈이다.

그래서 내 분노를 분석할 줄 알아야 한다. 산책을 하

든, 불멍을 때리든지 간에 시간을 갖고 곰곰이 생각해 봐야 한다. 그 분노가 진짜 나의 감정인지, 아니면 주위에 의해서 만들어진 반응인지 말이다.

어쨌든 분노도 우리의 중요한 감정 중 하나다. 우리가 살아가며 불의에 맞서고, 부조리에 저항하고, 변화를 요구하기 위해 반드시 필요한 감정이기도 하다. 그러나 그 감정이 상품이 되고, 마케팅이 되고, 소비구조의 일부가 되어 버릴 때, 분노는 더 이상 건강한 감정이 아니다.

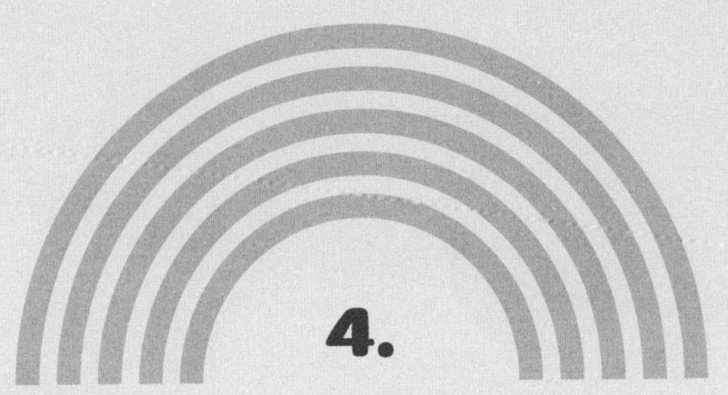

4.

화의 전염

감염병처럼 퍼지는 사회적 분노

어느 날, 사내 회의 중 한 직원이 격앙된 목소리로 상사의 지시에 반발했다고 치자. 그 자리에는 아무 말 없이 앉아 있던 동료들이 있었지만, 시간이 지나면서 그들 사이에도 비슷한 불만이 퍼져 나간다. 처음에는 조용했던 사무실 분위기가 점차 날카로워지고, 결국 그 불만은 전체 팀의 감정으로 확대된다. 누군가의 분노가 사내에 퍼진 것이다.

이것이 바로 '화의 전염'이다. 말 그대로 분노가 감정적 감염처럼 퍼져 나가는 현상이다. 감정은 본래 개인의 것이지만, 분노는 강한 에너지를 지닌 감정인 만큼 주변 사람들에게 빠르게 확산되는 특성을 가진다. 처음에는 한 사람의 불만이었지만, 곧 그것은 두 사람, 세 사람의 감정으로 옮겨 가고, 어느 순간 집단 전체의 분위기를 지배하게 된다.

이러한 분노의 전염은 단순한 감정의 동조를 넘어 사회 전체의 갈등과 분열을 부추길 수 있는 감정적 구조다. 마치 바이러스처럼 전파되고, 때로는 그 감정이 어디서 시작되었는지도 모른 채 사회를 흔들기도 한다.

화의 전염이 일어나는 첫 번째 메커니즘은 바로 '정서적 전이Emotional Contagion'다. 이 개념은 사람들이 타인의 감정을 무의식적으로 감지하고 흡수하며, 같은 감정을 따라 하게 되는 심리적 현상을 말한다. 우리가 가까이 있는 사람의 표정, 말투, 몸짓, 그리고 말하지 않아도 느껴지는 분위기에 영향을 받는 것은 일상에서 누구나 경험해 본 일일 것이다.

특히 강한 감정일수록 이 전염 효과는 더 강력하다. 기쁨이나 슬픔도 전염되지만, 그중에서도 분노는 그 에너지가 크고, 자극도 강하기 때문에 주변 사람들에게 빠르게 전이된다. 분노에 찬 표정, 언성 높은 목소리, 거친 몸짓은 타인의 긴장을 유발하며 감정적 반응을 불러일으킨다. 그리고 이 반응은 종종 화로 이어진다.

예컨대, 출근길에 한 운전사가 신호위반 차량에 화를 내며 창밖으로 고함을 지르는 모습을 봤다고 하자. 그 장면을 목격한 주변 운전자나 보행자는 놀람과 함께 불편함을 느끼고, 상황에 따라 짜증이나 짧은 분노를 경험할 수도 있다. 누군가의 감정이 상황이라는 매개체를 통해 간접적으로 다른 사람에게 영향을 끼치는 구조다. 그 사람은 화낸 당사자가 아님에도 불구하고, 순간적으로 그 감정을 자신의 것으로 받아들이게 되는 것이다.

이러한 정서 전이는 우리가 생활하는 거의 모든 공간에서 일어난다. 가족, 학교, 회사, 지역 공동체처럼 같은 공간에 오래 머무는 집단일수록 전염 속도는 빠르고 강도가 세다. 특히 누군가의 감정 표현이 강렬하고 지속적일수록, 그 감정은 집단 내에서 공유되기 시작한다. '나만 화난 게 아니었구나.' '다들 불편해했네.'라는 인식이 생기면, 분노는 개별 감정에서 공동체적 감정으로 전환된다.

이러한 감정 공유는 심리적 안도감을 동반한다. 같이 분노하면서 그 감정을 공유하고, 이런 화를 공유함으로써 나의 감정이 '비정상'이 아님을 확인하는 기이한 현상이 지속되는 것이다.

내가 느낀 분노가 정당한 것인지, 과한 것은 아닌지 혼자 판단하기 사실 어렵다. 하지만 주변 사람들도 비슷한 불편함이나 화를 표현하면, 자신이 느꼈던 감정은 더 큰 자신감과 정당성을 얻는 것 같다. 같이 화내는 사람들뿐이니 내가 화내는 것은 하나도 이상할 게 없다.

'역시, 내가 느낀 게 맞았어!'

'이건 우리가 함께 분노해야 하는 일이 분명해.'

이렇게 생각하게 되면 감정은 더욱 고조된다. 이런 분위기 속에서는 감정의 표현방식도 과감해지고, 감정의 수위도 점점 높아지게 된다. 마치 엄격한 집안에서 식사할 때는 누구도 웃지 않고 근엄하게 밥만 먹는 게 당연한 것과 같다. 전부터 그게 당연한 일이었기에, 다른 사람들이 보면 이상하지만 집안사람들은 이상할 게 없다.

분노의 감정은 처음에는 단 한 사람의 감정이었지만, 정서 전이 과정을 거치며 집단적 감정으로 확대되고, 때로는 그것이 집단행동이나 갈등의 출발점이 되기도 한다. 학교에서는 한 학생의 불만이 친구들의 동조를 얻어 교사에 대한 집단 항의로 이어지고, 직장에서는 한 명의 불편함이 전 사무실의 분위기를 냉랭하게 만들며, 지역사회에서는 소수의 목소리가 커뮤니티 전체의 감정 흐름을 좌우하기도 한다. 어느 곳에든지 분노가 전염되고 확대되는 것이다.

여기서 중요한 점은 이 모든 과정이 의식적이지 않다는 것이다. 정서 전이는 대부분 무의식적으로 발생한다. 우리는 누군가가 화를 내는 모습을 보며 '나도 화를 내야지.'라고 생각하지 않는다. 하지만 어느 순간 표정이 굳고, 말투가 날카로워지고, 마음속에서 감정의 물결이 일고 있다는 것을 느끼게 된다.

이처럼 감정은 말보다 빠르게 퍼지고, 감정은 생각보다 강하게 묻어난다. 그리고 그 중심에 서 있는 감정이 분노일 경우, 전염 속도는 더 빨라지고 영향력도 커진다. 그렇기에 우리는 자신이 처한 감정적 환경에 대해 자주 돌아봐야 한다.

감정은 때로 우리를 움직이는 강력한 동기이지만, 동시에 우리의 판단을 흐리는 안개와 같다. 특히 집단 속에서 발생하는 분노는 그 감정의 원인보다 더 큰 영향력을 발휘하며, 문제 해결이 아니라 갈등의 확대로 이어질 가능성이 높다. 계속 나의 분노에 대해 자신에게 질문해야 하는 이유다.

화는 학습된다

화는 혼자서 생기지 않는다. 사람은 사회 속에서 살아가는 존재이기에, 감정도 고립된 개인의 문제가 아니다. 우리는 주변 사람들의 반응과 행동을 관찰하며 그것을 통해 감정을 배우고 표현하는 법을 익힌다.

이때 중요한 개념이 앨버트 반두라_{Albert Bandura}의 사회적 학습 이론_{Social Learning Theory}이다. 이 이론에 따르면, 사람은 타인의 행동을 모방하고, 특히 그 행동이 보상받는 것을 보면 더욱 쉽게 따라 하게 된다. 어렸을 적 아이들이 뭔가를 학습하는 방법 중 하나가 바로 여기에서 비롯되는데, 그중 대표적인 게 관찰 학습_{Observational Learning}이다.

화의 표현도 마찬가지다. 누군가가 분노를 드러냈을 때 그것이 주목받거나 정당화되면, 그 장면을 목격한 사람들은 '나도 저렇게 해도 되겠구나!'라고 인식한다. 결국

한 사람의 감정 표현이 또 다른 사람의 분노 행동으로 이어지는 연쇄 작용이 일어난다. 감정은 퍼지고, 행동은 또 다른 행동을 낳는다.

장○○ 책임은 직장에서 반복되는 야근과 부당한 업무 분배에 대해 참지 못하고 그의 상사에게 강하게 항의했다. 주변 동료들은 처음에는 놀랐지만, 시간이 지나며 그의 행동을 다시 생각하게 된다.
'맞아, 나도 똑같이 힘들었는데.'
'저 정도는 말할 수 있어야 하는 거 아닌가?'
이런 생각은 결국 이를 따라 하는 행동으로 나타날 수 있다. 이후 다른 동료들도 하나둘씩 각자의 불만을 드러내기 시작하고, 조직 전체는 점차 긴장감과 갈등이 증폭되는 분위기로 바뀐다.

이처럼 화의 표현은 고립된 한 사람의 행동이 아니라, 다른 사람의 감정을 불러일으키는 촉매가 될 수 있다.

이와 같은 패턴은 직장이나 학교뿐 아니라 온라인 공간에서도 두드러지게 나타난다. 온라인 커뮤니티나 SNS에서는 누군가가 분노에 찬 글을 올리면 그 분위기에 동조한 댓글들이 꼬리를 물고 달린다. 비슷한 경험을 한 사람들은 '나도 똑같이 겪었다', '이건 정말 참을 수 없다'며 자신의 화를 표출하고, 그 감정은 공유되고 반복되며 커진다. 결국 누군가의 분노는 집단적 분노로 전환되고, 비판의 강도는 점점 더 세지는 게 통상적인 상황이다. 이는 단순한 '이야기 나눔'을 넘어, 감정적 확증과 정서적 증폭이 동시에 벌어지는 구조로 연결된다.

특히 이런 온라인상의 사회적 학습은 감정적 확증편향을 강화시킨다. 확증편향은 자기가 믿고 싶은 것만 믿는 현상인데, 만약에 분노를 느낀다면 내 분노가 '이유 있음'을 다른 분노하는 사람을 통해 증명하려는 것이다.

때문에 사람들은 자신과 유사한 감정을 가진 이들의 표현을 더 선호하고 받아들이며, 반대 의견에는 방어적이 되고 만다. 그러면서도 자신은 '객관적'이라고 믿는다. 마치 유튜브를 통해 극단적인 생각을 서로 공유하며 자신의 믿음을 더욱 확고히 하는 것과 같다. 이런 경향은 온라인상의 정치적 갈등에서 확연하게 나타난다.

결과적으로 SNS 공간은 화를 표현하는 방식이 유행처럼 번지는 장이 된다. "이건 이렇게 분노해야 해."라는 암묵적 규칙이 생기고, 다른 감정 표현은 무시되거나 조롱당한다. 그래서 SNS는 종종 '분노의 전시장'처럼 기능한다.

또 하나 주목할 점은, 사회적 학습은 단순히 행동의 복제에 그치지 않는다는 것이다. 우리는 모방을 통해 '정서적 허용 범위'도 학습한다. 누군가의 분노가 사회적으로 용인될수록 우리는 점점 더 자주, 더 강하게, 더 거칠게 화를 내게 된다. 이것이 사회 전체의 정서적 톤을 바꾸는 중요한 요인이 된다. 감정의 표현이 폭력적인 언어로 바뀌고, 사소한 문제에도 극단적인 반응이 나오게 되는 것이다.

이처럼 사회적 학습은 '화의 전염'에서 핵심적인 역할을 한다. 그리고 그 전염은 결코 가볍지 않다. 타인의 분노를 보고 배우고 따라 하면서 우리는 자신도 모르게 더 예민해지고, 쉽게 불쾌해지며, 조그만 자극에도 과잉 반응하는 감정 패턴에 익숙해진다. 그 결과는 관계의 단절, 소통의 실패, 사회적 갈등의 고착화로 이어질 수 있다. 이게 행동으로 이어지면 끔찍한 결과까지 나올 수 있는 것이다.

우리가 분노를 표현하는 방식은 결코 개인적인 선택만이 아니다. 그것은 사회가, 환경이, 주변이 만든 결과이기도 하다. 화를 내는 사람이 많아질수록, 화내는 방식이 자주 외연적으로 보일수록, 우리는 그 행동을 '당연한 것'으로 받아들인다. 이것이 바로 사회적 학습의 무서움이다.

소셜미디어,
감정의 바이럴 효과

분노는 시대를 반영하는 거울이다. 그리고 그 분노가 가장 강하게 반사되는 곳이 있다면, 단연 소셜미디어다. 디지털 시대에 들어와 화는 더 이상 개인의 감정으로만 머무르지 않는다. 그것은 순식간에 공유되고, 확대되며, 수많은 사람의 정서와 판단을 휘감는 집단적 에너지로 변화한다. 이 과정을 통해 우리는 새로운 현상을 목격하게 된다. 바로 감정, 특히 분노의 '바이럴 효과Viral Effect'다.

과거에는 분노가 주변 몇 명에게만 전달되었다면, 이제는 상황이 다르다. 누군가 억울한 일을 당했다고 SNS에 글을 올리면 그 내용은 수백 명, 수천 명에게 금세 전파된다. 단 몇 분 만에 댓글이 쏟아지고, '공유' 버튼을 누른 손끝에서 수십만 명의 감정이 움직이기 시작한다. 이런 현상은 단순한 정보 전달이 아니다. 감정의 집단 전염이며, 그 중심에는 '분노'가 있다.

소셜미디어는 감정, 그중에서도 자극적인 감정에 반응한다. 특히 화는 사람들이 가장 강하게, 가장 빠르게 반응하는 감정 중 하나다. 소셜미디어 플랫폼의 알고리즘도 이런 방향으로 조합이 되어 분노 콘텐츠를 되돌림 방식으로 같은 이에게 보여 주게 된다. 분노를 유발하는 콘텐츠는 더 많이 노출되고, 더 자주 공유되게 된다. 누군가의 분노가 '좋아요'와 '댓글'이라는 형태로 다른 이의 분노를 끌어내고, 이는 또 다른 확산으로 이어진다. 이것이 바로 '디지털 분노'의 바이럴 구조다.

이 구조는 특히 시각적 콘텐츠에서 더욱 강력하게 작용한다. 예를 들어, 누군가 폭력을 당하는 장면이 담긴 영상이나, 부당한 대우를 받는 사람의 눈물 어린 표정이 담긴 사진은 단어보다 훨씬 빠르게 우리의 감정을 건드린다. 감정은 이성과 논리를 앞선다. 사실관계를 따지기도 전에 우리는 이미 화가 나 있고, '공유' 버튼을 누르고 있다. 그 영상은 하나의 '팩트'이자, 수많은 '해석'을 만들어 낸다. 때로는 분노가 정의로 포장되기도 하고, 때로는 정당한 비판이 과잉된 공격으로 변질되기도 한다.

결과적으로 우리는 다양한 의견을 접하기보다, 자신과 비슷한 감정과 관점을 가진 사람들의 콘텐츠에 둘러싸이게 된다. 이 안에서는 분노가 더욱 정당화되고, 더욱 강화된다. '나만 이렇게 느끼는 게 아니구나.' 생각하면서 위로감을 느끼고 동시에 다른 의견을 거부하게 된다.

더 나아가 이 과정은 감정의 반복 학습으로 이어진다. 매일같이 분노 유발 콘텐츠에 노출되면, 우리는 자기도 모르게 분노하는 방식에 익숙해진다. 사소한 일에도 쉽게 화가 나고, 작은 부조리에도 감정이 격해진다. 물론 스트레스 해소에 일시적으로 도움을 줄 수 있지만, 이는 개인의 심리적 피로를 가중시킨다. 심리학에서는 이를 '정서적 피로Emotional Fatigue'라고 부른다. 매일 분노에 노출되면 감정을 조절하는 에너지가 고갈되고, 결국에는 냉소적이거나 공격적인 태도가 일상화되는 것이다.

더 심각한 문제는 소셜미디어의 즉시성이다. SNS는 감정의 정제 없이 즉각적인 반응을 유도한다. 생각이 아니라, 반응이 먼저 나가게 된다. '이게 맞는 이야기일까?' '혹시 다른 시선은 없을까?'라는 질문은 사라져 버리고, '어떻게 이럴 수가 있지?'라는 감정적 반응만 남는다. 누군가에게 '공감'을 표하기 위해 시작된 댓글은 어느새 누군가를 향한 '비난'으로 비꺼고, 함께 나눈 분노는 또 다른 분열의 씨앗이 된다. 갈등의 분출 구조가 생성되는 것이다.

이러한 감정 구조는 결국 사회 전반에 영향을 미친다.

정치, 사회, 문화 전반에서 감정 중심의 담론이 힘을 갖게 된다. 이성과 논리에 바탕을 둔 '전전두엽적 사고'보다는 감정이 중심 되는 '편도체적 관점'에 무게가 실리고, 결국은 더 강하게 화를 내는 쪽이 주목받는다. '분노는 정의'라는 인식이 확산되면, 화를 잘 내는 사람이 설득력이 있어 보이기도 한다. 그러나 그 감정은 언제든지 방향을 바꿀 수 있고, 쉽게 다른 대상을 향해 돌아설 수 있다.

소셜미디어는 개인의 감정을 확장시키는 강력한 도구지만, 동시에 그 감정을 소비하는 시장이기도 하다. 분노는 클릭을 만들고, 클릭은 수익을 만드는 구조이다. 콘텐츠 제작자는 더 자극적인 내용을 만들어 내고, 플랫폼은 더 강한 분노를 퍼뜨린다. 이 순환 속에서 우리는 감정의 소비자이자 유통자가 되어 간다.

600만 년 인류 역사에서 감정은 인간을 인간답게 만드는 중요한 요소였지만, 그 감정이 조작되고, 조종되고, 반복 소비될 때는 오히려 우리를 지치게 만든다. 인류가 이처럼 촘촘하게 연결돼 감정을 공유하는 사회에서 분노는 매우 강력한 감정이기에, 그 전염력도, 그 피로도도 크다.

분노 사회

분노 사회란 단순히 사람들이 자주 화를 낸다는 뜻이 아니다. 그것은 개인의 분노가 집단의 정서로 확대되고, 사회 전반에 걸쳐 갈등, 불신, 적대감이 상시화되는 상태를 말한다. 정치, 언론, 경제, SNS, 대중문화 등 거의 모든 사회적 장치가 분노를 자극하고, 그것을 이용하거나 조장한다. 이로 인해 분노는 점차 사회 전반의 '기본 감정'으로 자리를 잡게 된다.

분노 사회의 가장 뚜렷한 특징은 사회 구성원 간의 분열이다. 이념, 종교, 성별, 세대, 계층 등 사회를 구성하는 다양한 정체성들은 원래 서로 다른 배경과 관점을 반영할 뿐이었다. 그러나 분노가 그 차이를 감정적으로 자극하면, 사람들은 상대를 단순히 '다른 사람'이 아니라 '틀리고 위험한 사람'으로 인식하게 된다.

이렇게 되면 대화는 실종되고, 타협은 사라진다. 대신

각 집단은 '우리가 옳다'는 확신 아래 더욱 단단히 뭉치며, 상대 집단에 대해 더 큰 경계심과 혐오를 품는다. 이는 결국 정치적 양극화, 사회적 단절, 집단 간 적대감의 고착화라는 결과로 이어진다.

더 큰 문제는 사회적 신뢰의 붕괴다. 분노가 일상이 된 사회에서는 사람들은 점점 타인을 신뢰하지 않게 된다. 이웃, 직장동료, 친구 사이에서도 '저 사람은 나를 이용하려는 건 아닐까?' '저 말은 진심일까?'라는 불신이 자리 잡는다. 신뢰가 사라지면 공동체는 기능을 잃는다. 협력은 줄고, 각자도생의 사회가 된다.

다른 하나는, 폭력과 범죄의 증가로 이어진다는 점이다. 분노는 억눌릴수록 더 강한 에너지로 돌아온다. 이것이 폭력으로 연결될 경우, 사회는 직접적인 위기를 맞게 된다. 예를 들어, 정치적 불만이나 사회적 불평등에 대한 분노가 누적되면, 어느 날 그것은 대규모 시위나 폭동이라는 형태로 폭발한다. 과격한 시위에서 공공시설이 파괴되고, 경찰과 충돌이 벌어지며, 사람들의 생명과 안전이 위협받는 경우도 빈번하다.

이보다 더 일상적인 곳에서도 분노는 위험한 방식으로 분출된다. 가정폭력, 학교폭력, 도로 위 분노Road Rage, 음주 후 폭력, 직장 내 언어폭력 등 수많은 사건들이 분노에서 시작된다. 그만큼 사회는 '감정 조절 실패'라는 개인의 문제를 넘어서, '분노 관리 실패'라는 구조적 문제를 안게 된다.

특히 온라인에서는 사이버 폭력이 극심하다. 악성 댓글, 혐오 표현, 특정인의 사생활 폭로 등은 분노의 감정이 디지털 공간에서 어떻게 왜곡되고 강화되는지를 보여주는 사례다. 이로 인해 정신적 트라우마, 극단적 선택, 사회적 낙인 등 돌이킬 수 없는 피해가 발생한다.

또 다른 문제는, 정신건강 문제의 확산이다. 만성화된 분노는 사람을 병들게 하기 때문이다. 분노는 한순간의 감정일 때는 강력한 동기부여가 될 수 있지만, 지속될 경우 신체와 정신에 악영향을 끼친다. 만성적인 분노는 뇌의 스트레스 반응을 계속 자극하여 코르티솔 수치를 높이고, 이는 우울증, 불면증, 공황장애, 면역력 저하 등 다양한 질환으로 이어진다.

특히 사회 전반에 분노가 만연하면 집단적 피로가 찾아온다. 매일매일 뉴스에서 쏟아지는 분노 유발 기사, 댓글창의 싸움, SNS의 과격한 논쟁 속에서 사람들은 지친다. 이 상태는 감정적으로 번아웃Burnout된 사회를 만들며, 구성원들은 삶의 동기와 활력을 잃게 된다.

더 나아가, 이런 심리적 상태는 생산성과 창의성 저

하로 이어진다. 감정의 여유가 없는 사회에서는 혁신이 일어나기 어렵고, 개인의 잠재력도 제대로 발휘되지 못한다.

마지막으로, 분노는 사회 전체에 경제적 손실을 초래한다. 조직 내에서 분노가 많아지면, 직원 간 협력이 줄고, 이직률이 증가하며, 업무 효율은 저하된다. 또한 불필요한 내부 갈등을 조정하는 데에 관리 비용과 시간이 낭비된다. 이는 곧바로 기업의 경쟁력 약화로 이어진다.

더불어, 사회 전체 차원에서도 법적 분쟁 증가, 정신건강 치료 비용 상승, 치안 유지 비용 증가 등 수많은 사회적 비용이 발생한다. 분노는 보이지 않는 비용을 만들어내며, 그것이 누적될수록 사회는 점점 더 유지 비용을 많이 들여야 하는 구조로 바뀌게 된다. 주가 하락처럼 당장 눈에 띄고 손해가 보이지 않지만, 사회에 주는 폐해는 더 장기적으로 지속적이다. 분노 관리가 중요한 이유다.

Part 4

화의 다스림과 실천

1.

나만의 '화 다스림' 루틴 만들기

화라고 다 같은 화가 아니다
-감정 어휘의 확장

어디서부터 불편해졌는지, 무엇이 나를 자극했는지, 왜 이렇게 마음이 뒤집히는 건지. 그저 화가 났다는 감정만 남고, 그 감정의 정체는 안개처럼 뿌옇게 남을 때가 있다.

많은 사람들이 화라는 커다란 감정 아래에서 수많은 '세부 감정'을 놓치며 살아간다. 억울함, 수치심, 모욕감, 외로움, 배신감, 무력감, 좌절……. 이 감정들은 모두 화의 옷을 입고 등장하지만, 그 속을 들여다보면 전혀 다른 얼굴을 하고 있다.

화는 겉으로 보기에는 가장 강한 감정처럼 보인다. 소리치고, 문을 세게 닫고, 표정을 굳게 만드는 감정. 하지만 놀랍게도 그 밑바닥에는 오히려 '더 약하고, 어린' 감정이 숨어 있는 경우가 많다.

억울함: "내가 이렇게까지 했는데, 왜 아무도 알아주지 않아?"

수치심: "사람들 앞에서 그 말은 너무했잖아. 창피해서 얼굴을 들 수가 없어."

모욕감: "날 사람 취급도 안 한 거야? 자존심이 상했어."

서운함: "기대도 안 했지만, 그래도 그건 좀 아니지 않나?"

외로움: "이렇게까지 말했는데, 결국 나 혼자네."

이런 감정들이 정확한 이름을 갖지 못하면, 우리는 그냥 '화가 났다'는 큰 감정 덩어리 속에 묶어 버린다. 그러고 나면 상대도, 나 자신도 그 감정을 제대로 이해하지 못한 채 대립과 오해만 남게 된다.

이런 감정에 대한 사례를 하나 들어 보자.

"사실 나는 화가 난 게 아니라 억울했던 거였어요."

30대 직장인 김○○ 대리. 최근 팀장과의 갈등으로 며칠째 속이 부글부글 끓고 있다. 팀장이 회의 자리에서 사소한 실수를 지적했고, 문제는 그게 처음이 아니라는 것이다. 그 순간에는 말을 못 하고 그냥 넘어갈 수밖에 없었지만, 그날 밤 그는 잠을 이루지 못했다. 회사 일만 생각하면 화가 치밀고, '다 그만두고 싶다'는 생각까지 들었다.

심리상담을 통해 감정을 풀어 보던 중 김 대리가 한 말은 이렇다.

"화가 난 줄 알았는데요, 사실은 억울했어요. 그동안 얼마나 애썼는지 알아주길 바랐거든요. 그런데 공개적으로 그렇게 말하니까, 내가 쌓아 온 게 무시당한 기분이었어요."

이 말을 하고 나서 그의 눈에는 눈물이 고였고, 마음이 훨씬 가벼워졌다. 감정에 정확한 이름을 붙이고 그것을 이해하면, 그 감정은 더 이상 우리를 흔들기가 쉽지 않다.

감정에 이름을 붙이는 연습은 왜 중요할까? 언어 모순일 수 있지만, 감정은 흐릿할수록 더 강해진다. 왜냐하면 '정체를 알 수 없는 위협'은 늘 더 크게 느껴지기 때문이다. 반대로 감정을 명확하게 인식하면 그 감정은 이해가 가능한 대상이 되고, 내가 그것을 조절하거나 다룰 수 있는 감정으로 바뀐다. 지피지기면 백전백승인 셈이다.

예를 들어, 그냥 '짜증 나서'가 아니라 "사람들에게 무시당한 느낌이라 속상해."라고 표현하면, 나 자신도 감정의 원인을 알 수 있고, 상대에게도 더 정확히 설명할 수 있다. 감정을 '정확하게 말로 표현할 수 있는 사람'은 자신의 감정에도, 타인의 감정에도 훨씬 더 부드럽고 명료하게 접근할 수 있다.

감정 어휘를 확장하면 감정도 평온해진다. 단순히 '화가 났다'고 말하기보다는, "내가 진짜 느낀 건 무엇이었을까?" 이 질문을 던지는 것만으로도 마음의 중심이 조금씩 바뀌기 시작한다.

우리가 흔히 '화'로만 표현해 버리는 감정을 조금 더 구체적으로 나눠 보면 아래와 같다.

〈내가 느낀 감정〉	〈더 정확한 감정 단어〉
대접받지 못한 느낌	모욕감, 수치심
오해받은 기분	억울함, 당혹감
예상과 다른 반응	실망감, 허탈함
관심받지 못한 느낌	서운함, 외로움
계획이 어긋남	좌절감, 불안

이렇게 감정의 어휘를 하나씩 익히고 삶 속에 적용하는 연습은 감정을 조절할 수 있는 힘, 즉 정서지능EQ을 기르는 첫걸음이다.

중요한 것은 감정에 이름을 붙이는 순간, 관계도 회복되기 시작한다는 것이다. 화는 늘 가장 먼저 튀어나오지만, 가장 마지막까지 이해받지 못하는 감정이다. 그 이유는 화 속에 숨어 있는 더 섬세하고 복잡한 감정들을 우리가 미처 알아채지 못하기 때문이다. 우리 부모님과 우리들이 그간 그렇게 살아온 경우가 많다.

그러니 이제부터는 "나는 왜 화가 났을까?" 대신에 "나는 정확히 어떤 감정을 느낀 걸까?"라고 자신에게 묻는 연습을 해보자. 그 질문 하나가 감정의 폭발을 막고, 마음을 진정시키며, 타인과의 대화를 바꾸는 가장 작지만 강력한 변화가 되어 줄 것이다.

그렇다면 우리는 어떻게 감정 어휘를 넓힐 수 있을까?

첫 번째 방법은 자신의 감정을 자주 관찰하고 기록하는 것이다. 하루 중 짜증이 났던 순간이나 마음이 요동친 상황을 떠올리고, 그때 느꼈던 감정을 그냥 '화남'으로 정리하는 것이 아니라, "이건 무시당한 기분이었어." "나는 존중받고 싶었는데 그게 안 되니 서러웠던 거야."라고 조금 더 구체적으로 써보는 연습을 하자. 이는 단순한 글쓰기가 아니라 자기 감정 이해력, 즉 정서지능EQ을 높이는 가장 직접적인 훈련이다.

두 번째는 다른 사람의 표현을 관찰하고 인용해 보는 것이다. 소설, 에세이, 인터뷰, 영화 대사 속에는 섬세한 감정 표현이 숨어 있다.

“그 말이 마음 깊은 곳에 천천히 스며들었다.”

“나는 울고 싶지 않았지만, 눈물이 나를 먼저 알아봤다.”

“그는 내 자리를 빼앗은 것이 아니라, 내 존재감을 지웠다.”

이처럼 문학적인 표현 속에는 우리가 평소 쓰지 않던 감정의 색채와 결이 담겨 있다. 이런 문장을 수집하고 익히는 것만으로도, 우리는 감정을 설명할 수 있는 도구 상자를 넓히게 된다.

세 번째 방법은 감정을 계층적으로 분류해 보는 연습이다. 예를 들어, ‘기분이 나쁘다’는 말은 아주 넓은 감정 범주다. 이를 더 세분화하면 ‘짜증’, ‘답답함’, ‘불쾌감’, ‘억울함’ 등으로 나눌 수 있고, 거기서 다시 ‘불쾌함은 상대의 언행이 무례했을 때 느꼈다’, ‘답답함은 말이 통하지 않을 때 나타났다’는 식으로 상황별 감정 지도를 만들어 볼 수 있다. 이러한 ‘감정 분해’ 연습은 감정적 혼란을 줄이고, 자기 표현력을 높이는 데 매우 유용하다.

감정 어휘를 넓히는 것은 단순히 단어를 많이 아는 것이 아니다. 그것은 곧 자신의 마음을 더 잘 돌보고, 타인의 마음을 더 깊이 이해하는 언어적 민감성을 키우는 과정이다.

어휘력이 풍부한 사람은 감정적으로도 안정적인 경우

가 많다. 자신의 감정을 정확히 알고 표현할 수 있을 때, 감정에 끌려다니지 않고 감정과 함께 살아가는 힘을 갖게 되기 때문이다.

말로 설명되지 못한 감정은 억눌리거나 폭발한다. 반대로, 이름 붙여진 감정은 통제 가능해진다. 감정에 이름을 붙인다는 건, 그 감정을 이겨 내거나 해결하는 게 아니라, 그 감정과 공존할 수 있는 첫걸음이다. 감정을 잃지 않고도 흐트러지지 않으려면, 먼저 말할 수 있어야 한다. 그 말을 찾는 것이 바로, 감정 어휘를 넓히는 일이다.

화를 '나의 말'로 바꾸는 능력
-감정의 언어화

분노는 원래 몸의 언어였다. 얼굴이 붉어지고, 숨이 거칠어지며, 주먹이 쥐어지는 그 순간, 우리는 이미 말보다 먼저 화를 표현하고 있다. 인간의 뇌는 위협에 대해 신속하게 반응하도록 진화해 왔기 때문에, 말보다 먼저 몸이 움직이고 감정이 솟구치는 것은 지극히 자연스러운 일이다.

하지만 오늘날 우리는 단지 '느끼는 감정'만으로는 세상을 살아갈 수 없다. 오히려 그 감정을 '말'로 바꿀 수 있는 능력이야말로 지금 이 시대를 살아가는 데 꼭 필요한 힘이다.

'화를 말로 바꾼다'는 건 단순히 점잖게 말하자는 뜻이 아니다. 그것은 내 감정을 의식의 영역으로 옮기고, 그것을 다른 사람에게 전달 가능한 형태로 번역하는 일이다. '지금 나는 화가 나 있다'는 것을 스스로 인식하고, 그 감정이 왜 생겼는지를 정리하며, 상대에게 그것을 어떤 방식으로 이야기할지를 선택하는 과정이 바로 '감정의 언어화'다. 이 능력을 갖춘 사람은, 감정에 끌려가지 않고 감정을 이끌 수 있다.

분노를 말로 바꾸는 힘은 무엇보다 상대를 공격하지 않으면서도, 나 자신을 지킬 수 있게 해준다. 예를 들어, "왜 그렇게 무례하게 굴어?"라고 소리치기보다 "그 말은 나에게 상처가 됐어요."라고 표현할 수 있다면, 상대방은 방어적으로 반응하기보다 나의 감정에 귀를 기울일 가능성이 훨씬 커진다. 말은 폭력보다 약해 보일지 모르지만, 사실 말은 사람의 마음을 열 수 있는 중요한 열쇠이기도 하다.

더 중요한 건, 분노를 말로 바꾸는 능력은 관계를 살리는 힘이 된다는 점이다. 감정을 말로 풀어낼 수 없는 사람은 결국 침묵하거나 폭발하게 된다. 침묵은 멀어지게 만들고, 폭발은 깨지게 만든다. 그러나 말을 통해 감정을 표현하는 사람은 상대방과의 신뢰를 지키면서도 자기 마음을 분명히 할 수 있다.

감정을 잘 말할 수 있다는 건 곧, 관계를 망치지 않고 갈등을 조율할 수 있는 능력이 있다는 뜻이다. 이런 능력은 타고나는 것이 아니다. 대부분 사람은 자라면서 '화를 내지 마라', '화를 참아야 한다'는 말은 들었지만, 화를 건강하게 표현하는 법은 배우지 못했다. 그래서 우리는 분노를 쌓거나, 반대로 감정에 휘둘리는 방식으로 살아왔다. 하지만 다행히도, 감정을 말로 표현하는 능력은 연습과 훈련으로 충분히 기를 수 있다.

처음에는 서툴러도 괜찮다. 감정을 정확한 말로 옮기려는 시도 자체가, 이미 분노를 폭력에서 대화로 바꾸는 첫걸음이기 때문이다. 사실 말은 감정을 약하게 만드는 게 아니라, 감정을 더 정확하게 전달하게 만든다. 울분은 전달되지 않지만, 언어는 상대에게 닿게 된다.

"나는 지금 상처 받았다."
"이 일은 내게 중요하다."
"이런 방식은 나를 힘들게 한다."

말은 그 어떤 큰소리보다도 강하고 분명하다. 그것은 단지 상황을 설명하는 것이 아니라, 나를 중심으로 문제를 정확하게 진단하는 방법이다.

결국, 분노를 말로 바꾼다는 것은 자기 자신을 다루는 힘이자, 타인과의 관계를 지켜 내는 기술이다. 감정을 억누르지도 않고, 휘둘리지도 않으면서, 그것을 표현할 수 있는 언어를 가진 사람은 어떤 상황에서도 무너지지 않는다.

세상은 여전히 감정으로 돌아가고 있지만, 이제 우리는 그 감정을 언어로 조율할 수 있어야 한다. 그것이 성숙한 어른의 조건이고, 건강하고 단단한 나를 만드는 길이다. 실제로 분노를 말로 바꾸면, 싸움으로 이어질 게 대화로 마무리된다.

> 한 부부가 함께 저녁을 먹고 있다. 남편은 스마트폰을 손에서 놓지 않았고, 아내는 아무 말 없이 식사를 마쳤다. 아내가 갑자기 날카로운 말투로,
> "당신은 도대체 집에 와서도 나랑은 눈도 안 마주쳐!"
> 이에 남편은 방어적으로 답을 한다.
> "아니, 갑자기 왜 이래? 나는 그냥 뉴스 좀 보려고 했던 건데."

여기서 벌어진 건 단순한 대화 실패가 아니다. 감정이 말로 전달되지 못한 채 쌓이다가 결국 '터지는 방식'으로 표출된 것이다. 사실 아내가 원했던 건 "당신과 오늘 하루 이야기를 나누고 싶어."라는 조용하고 따뜻한 메시지였다. 하지만 그 메시지가 말이 아닌 화로 포장되면서 상

대는 방어적으로 반응했고, 결국 두 사람 모두 감정을 제대로 전달하지 못한 채 등을 돌리게 된 셈이다.

실제로 감정을 말로 바꾼다는 것은 쉽지 않다. 그것은 내 안의 진짜 말을 찾아내는 일이다. 화를 말로 바꾼다는 건 감정을 꾸며 내거나 참는 게 아니다. 오히려 감정 속에서 내 진짜 목소리를 꺼내는 과정이다.

예를 들면 이런 것들이다. "왜 또 그런 식으로 말해?"라고 하면 상대방은 바로 방어적으로 바뀐다. 자신을 비난했기 때문이다. 하지만 "그 말을 들으니까 내가 무시당한 기분이 들어서 조금 속상했어."라고 바꿔 말하면 어떨까? 이는 상대방을 관여시킨 게 아니라 나의 지금 감정을 설명한 것이다. 그러면 상대방은 자신을 방어하려는 대신에 그 감정을 이해하고 "그랬구나." 혹은 "내가 그걸 몰랐네. 미안해."라고 할 가능성이 크다.

이렇게 바꿔 보면 상대방은 공격을 받았다고 생각하지 않을 수 있기에 말을 되받아쳐 나를 공격할 가능성이 줄어든다. 그리고 서로 자신의 감정에 귀를 기울이게 된다. 말투는 부드러워졌지만, 전달력은 오히려 더 강해진다.

실제로 감정을 말로 바꾸기 위해선 다음 세 가지를 기억해 보자.

첫째, 사실을 말하라. 감정 이전에 구체적인 상황을 설명하는 것이다. "당신이 방금 나를 무시했어."라고 말하는 대신에, "회의 중에 내 말을 끊어서, 내가 좀 기분이 그랬어."라고 하면 어떨까?

둘째, 내 느낌을 말하라. 상대방에 대한 비난이 아니라 내 감정을 중심으로 설명하라는 것이다. "네 말에 기분 나빴어."보다는 "그때 솔직히 나는 무시당한 느낌이었어."라고 바꿔 보면 어떨까.

마지막으로, 구체적인 내용을 언급하라. 내가 원하는 방향을 말로 구체화하는 것이다. "당신은 왜 늘 그래?"라고 공격하지 말고, "앞으로는 내 의견을 다 듣고 나서 이야기해 주면 좋겠어."라고 요청 사항을 정확하고 정중하게 이야기해 보자.

이렇게 '사실, 느낌, 내용'이라는 3단계를 거치면, 감정이 대화로 정리되고, 상대와의 관계도 덜 손상된 채 이어질 수 있다. 상대방을 이야기하는 게 아니라, 나에 대한 이야기를 하기 때문이다.

직장인 최○○ 대리는 평소 자신의 감정을 잘 드러내지 않는 편이다. 그 때문에 매번 '착실하고 순한 사람'으로 평가를 받아 왔다. 하지만 실상은 그렇지 않다. 하고 싶은 말을 참아 왔던 탓에 속이 부글부글 끓은 경우도 적지 않았다.

그러던 어느 날 회의 중에 부장이 최 대리가 제안한 아이디어를 농담처럼 흘려 넘기자, 평소 같았으면 그냥 지나갔을 법하지만 이번에는 이렇게 말했다.

"부장님, 이건 제가 진지하게 제안한 겁니다. 지금처럼 가볍게 넘겨지는 건 조금 섭섭합니다."

그 말을 들은 부장은 잠시 멈칫했다. 하지만 곧 이렇게 말했다.

"미안. 내가 가볍게 받아들인 것 같네. 다시 봅시다."

그날 이후로 최 대리의 이야기에 부장의 태도가 달라지는 느낌을 받기 시작했고, 물론 최 대리도 속내를 이야기하면서 한결 마음이 편해졌다.

말은 감정을 해치지 않고 전달하는 도구다. 하지만 화가 나면 우리는 그 감정을 상대에게 직접적으로 '느끼게' 하려는 방식을 선택하기 쉽다. 표정, 침묵, 비꼬기, 차가운 말투……. 하지만 그렇게 전해지는 감정은 정확히 전달되지도 않고, 오해만 쌓이게 된다. 말은 감정을 날카롭지 않게 전달하는 가장 좋은 도구다. 말로 바꾼 감정은 더 이상 무기가 아니고, 메시지가 된다.

결국, 말로 하는 분노는 싸움이 아니라 소통이 될 수 있다. 말로 표현된 감정은 서로를 이해하게 만들고, 관계를 지켜 주고, 무너질 뻔한 신뢰도 다시 세워 주기 때문이다.

화를 말로 바꾸는 능력은 지혜가 아니라 습관이고, 기술이 아니라 훈련이다. 그러니 화가 날 때마다 이렇게 물어보자.

"지금 내 마음, 어떻게 말로 정확하게 표현할 수 있을까?"

건강하게 화를 다스리는
세 가지 방법
-멈추기, 바라보기, 말하기

화를 참는 게 좋을까, 터뜨리는 게 좋을까? 정답은 둘 다 아니다. 제3의 방법을 찾아야 한다.

우리는 흔히 화를 참는 사람을 '성숙하다'고 여긴다. 반면 감정을 드러내면 '감정적이다', '조절을 못 한다'는 낙인을 붙이거나 선입견을 갖는 경우가 많다. 그렇다면 답은 뭘까? 화는 참는 것도, 터뜨리는 것도 아닌, 건강하게 표현하고 다스리는 훈련이 필요하다.

감정도 당연히 연습이 필요하다. 그런데 대부분은 미리 자신을 단정해 버린다. "나는 원래 욱하는 성격이야." "나는 화가 나면 조용하고 냉정해져." 이런 태도는 마치 화가 타고난 성격처럼 느껴지게 한다. 하지만 분명한 건, 화는 본성이 아니라 '습관'이고, 그 잘못된 습관은 '훈련'을 통해 바꿀 수 있다는 점이다.

운동도 연습이 필요하듯, 감정도 연습을 통해 조절할

수 있는 기술이다. 화 다루기의 3단계 연습이 있다. 이는 단순한 이론이 아니라 수많은 심리상담 현장에서 효과가 검증된 실천법이다.

1단계는 멈추기다. 반응하지 말고 일단 정지하라. 화나는 순간, 우리는 반사적으로 말하거나 행동하고 싶어진다. 하지만 가장 먼저 필요한 건, 우회전할 때 '일시 정지'하는 것과 마찬가지로 잠시 멈춤이다.

입을 다물고 3초만 침묵하기.
눈을 감고 심호흡 세 번 하기.
손을 꽉 쥐었다가 천천히 펴기.
조용히 물을 한 모금 마시기.

단 3초의 정지는 감정을 억누르기 위해서라기보다는 내 감정이 튀어나가는 걸 잠시 보류하는 여유를 만드는 것이다. 짧은 시간이지만, '지금 무슨 일을 해야 할까?' '네가 지금 화가 났구나.'라고 마음속으로 말해 주는 것만으로도 감정은 절반쯤 가라앉는다.

2단계는 바라보기다. 왜 내가 이렇게 반응했는지를 살

피는 것이다. 감정이 조금 가라앉으면, 그다음 해야 할 건 내 감정의 정체를 들여다보는 일이다.

'나는 왜 이렇게 화가 났을까?'
'이 상황이 내 어떤 감정을 건드렸지?'
'내가 느낀 건 모욕감인가, 억울함인가, 무시당했다는 느낌인가?'

이 질문들은 단순히 원인을 찾는 게 아니라, 화를 이해 가능한 언어로 정리하는 과정이다. 내 감정을 내가 이해해야 상대에게도 설명할 수 있고 나 자신도 납득할 수 있다.

마지막으로는 말하기다. 상대방을 공격하지 않고 감정을 표현하는 것이다. 이제 감정을 정리했으면, 그 감정을 건강한 방식으로 표현해야 한다.

"당신 때문에 화났어."가 아니라 "그 말이 나를 무시하는 것처럼 느껴져서 속상했어."
"다시는 나한테 말 걸지 마."보다는 "지금은 조금 시간이 필요해. 내가 좀 가라앉으면 이야기하는 게 좋겠어."

화가 났다는 사실을 말하는 건 괜찮다. 다만 그것이 공격이나 방어가 아닌 '나의 감정 고백'의 형태로 전달돼야 한다. 예를 들어 보자.

30대 초반의 김 대리는 자신이 며칠 고생해 만든 프로젝트 기획안을 팀장이 별도의 설명도 없이 다른 동료와 함께 제안한 것처럼 바꾼 사실을 뒤늦게 알게 됐다.

그 순간 머릿속이 하얘졌고, 가슴이 두근거리며 얼굴이 달아올랐다.

그는 평소처럼 그냥 참으려 했지만, 이번만큼은 조금 다르게 접근하고 싶었다. 몇 초간 입을 다물고 심호흡을 하며 자신에게 물었다.

'이게 무슨 감정이지? 분노인가, 상실감인가?'

'인정받고 싶었는데, 무시당한 기분인가?'

김 대리는 잠시 생각한 뒤, 팀장에게 이렇게 말했다.

"팀장님, 기획안이 공동 작성된 것으로 바뀌었다는 걸 알고 놀랐습니다. 너무나 애정을 갖고 준비했는데, 아무 설명 없이 바뀌니 조금 섭섭했습니다."

팀장도 약간 놀란 눈치지만, 짧은 침묵 후 이렇게 답했다.

"미안. 급하게 방향을 틀면서 설명이 부족했네. 이유가 있어서 그런 건데 상황 설명을 해주지 못해서."

그날 김 대리는 화를 낸 게 아니라 화를 건강하게 표현했을 뿐인데, 마음은 편안했고 관계도 상하지 않은 느낌이다.

화는 다루는 만큼 안전해진다. 화는 위험한 감정이 아니다. 제대로 다루지 않을 때 위험해지는 것뿐이다. 화를 다룬다는 건, 그 감정을 억제하는 게 아니라, 적절한 시점에, 적절한 방식으로 꺼내는 기술을 익히는 것이다.

화를 건강하게 다룰 수 있는 사람은 자신의 마음도 지키고 관계도 유지하고, 무너지지 않으면서 말할 수 있는 사람이다. 그게 성공의 열쇠이기도 하다.

감정은 흐를 길이
있어야 치유된다
-감정 해소 루틴

"감정을 해소하는 당신만의 방법이 있나요?"

화를 참고 넘어간 날, 겉으로는 아무 일 없었던 것 같아도 밤에 잠들지 못하거나, 혼자 있을 때 울컥 눈물이 날 때가 있다. 때로는 말도 안 되는 작은 일에 욱하고, 엉뚱한 사람에게 짜증을 내고 나서야 깨닫는다.

'아, 내가 지금 뭐가 많이 쌓여 있었구나!'

우리는 종종 '화를 조절한다'는 걸 '참는다', '말 안 한다', '넘긴다'로 오해한다. 하지만 감정은 버틴다고 사라지지 않는다. 해소되지 않은 감정은 몸 어딘가, 혹은 다른 어딘가에 다른 방식으로 흔적을 남긴다. 마치 옛날 어머니들이 화가 쌓여 울화병이 생겼다는 말을 하는 것과 같다.

그래서 중요한 건 화가 날 수밖에 없는 일상에서 감정

을 건강하게 흘려보내는 '루틴'을 갖는 것이다. 감정은 흐를 길이 있어야 건강해진다. 물이 고이면 썩고, 공기가 막히면 곰팡이가 피듯 감정도 마찬가지다. 감정은 흘러야 치유된다.

우리가 매일 샤워로 몸을 씻듯, 감정도 정기적으로 정리하고 씻어 내는 과정이 필요하다. 이걸 '감정 해소 루틴'이라고 부를 수 있다.

감정을 다루는 데는 즉각적인 반응, 즉 바로 화내기보다 지속가능한 정리가 중요하다. 그간 해본 방법 중 가장 성공적인 것들을 소개하면 이렇다.

먼저, 가장 간단하고도 강력한 방법인 '걷기'다. 몸이 움직이면 마음도 움직인다. 단순히 움직이는 것만으로도 스트레스 호르몬이 줄고, 세로토닌과 도파민 같은 기분 조절 호르몬이 분비된다. 특히, 도시 생활 속에 자연을 접하기가 어렵더라도 가급적 공원이든 자연 속을 걷는다면 효과가 배가 된다. 특히 나무, 물, 하늘, 바람……, 자연을 느끼는 자극은 뇌의 경계 시스템을 진정시키고, 감정을 정리하는 데 도움을 준다.

팁이라고 할까, 일부러 화낼 필요는 없지만 어쩔 수 없이 화가 날 상황이라면 한번 실험을 해보시라. 화가 났을 때 그냥 앉아서 끙끙대기보다 밖으로 나가서 10분만이라도 걸어 보라. 몸이 움직이기 시작하면 마음도 점점 풀리기 시작한다.

둘째는 글로 적어 보는 것이다. 누군가에게 말할 수 없는 감정은 혼자서 글로 꺼내 볼 수 있다. '감정 일기'는 단순히 하루를 기록하는 게 아니라, 마음의 흐름을 따라 정리해 보는 강력한 정화 도구다.

"오늘 이런 일이 있었다."
"그 순간 내가 느낀 감정은 억울함이었다."
"내가 왜 그렇게 느꼈는지 되짚어 보니, 인정받고 싶었던 것 같다."
"그때 심호흡을 하고 조금만 더 기다릴 걸 그랬다."

이런 식으로 감정을 단어로 옮기기 시작하면 막연했던 분노의 정체가 명확해지고, 내 마음을 객관적으로 바라볼 수 있다.

글을 쓰라고 하니까, 이런 생각도 들 수 있다.

'아니, 글 쓰는 건 담쌓고 그간 살아왔는데, 왜 이제 와서 글을 쓰라는 거지?'

사실 글이라고 표현할 필요 없고, 그 글을 잘 쓸 필

요도 없다. 그냥 메모하는 정도라고 표현해도 좋을 듯하다. 종이에 쓰면 혹시 누가 볼 수도 있으니, 그냥 핸드폰 메모장에라도 적어 보자. 맞춤법, 문장력 다 상관없다.

그저 있는 그대로 적는 것만으로도 감정은 풀린다. 내 감정이 당시에 어땠는지, 그리고 화가 난 상대방에게 비난만 한 게 아닌지, 내 감정을 왜 상대방에게 정확히 표현하지 못했는지, 이런 것들을 쓰다 보면 마치 산책하듯 마음이 한결 가벼워진다.

셋째 방법은 누군가에게 내 이야기를 털어놓는 것이다. 화가 날 때 그 감정을 혼자 감당해야 한다는 느낌만으로도 마음은 더 지친다. 내 감정을 안전하게 꺼낼 수 있는 누군가가 있다면, 그 감정을 털어 버리는 게 큰 도움이 된다. 그게 친구든, 가족이든, 동료든, 상담사든 상관없다. "그랬구나."라고 말해 주는 사람이 한 명만 있어도 감정은 절반쯤 가라앉는다. 어렸을 때 엄마가 내 응석을 받아 줬던 것처럼, 내 얘기에 장단을 맞춰 주는 누군가가 있는 것만으로도 얼음이 녹듯 응어리가 조금은 사라지게 된다.

많이 친하지 않은 친구라고 해도 용기 있게 얘기해도

좋다. 서먹하더라도 직장 동료에게 털어놔도 좋다. 말을 꺼내는 게 어렵다면 이렇게 시작해 보자.

"있잖아. 그냥 조금 들어 줄 수 있어? 내가 많이 서운한 게 있는데 너무 속상해서 그래."

이 정도로 솔직하게 이야기하면 매몰차게 거절하는 경우는 많지 않다.

마지막으로, 소소한 나만의 마음 챙김 도구를 만드는 것이다. 감정을 정리하는 루틴은 크고 거창할 필요가 없다. 오히려 꾸준히, 자연스럽게 할 수 있는 소소한 도구들이 가장 효과적이다. 예컨대, 뜨거운 물로 샤워하기, 좋아하는 음악 들으며 가볍게 스트레칭하기, 창밖 보며 멍때리기, 향 좋은 차를 마시며 깊은 숨 쉬기, 잠들기 전에 하루 감정을 한 단어로 정리해 보기. 이런 습관들이 감정의 배출구가 되어 마음이 막히지 않고 흐르게 만든다.

결국, 내 감정은 내가 책임지는 연습, 감정을 외면하거나 누군가가 대신 정리해 주길 바라기보다는 스스로 해소하고 조절하는 루틴을 만드는 일, 이건 단지 감정을 다루는 기술을 넘어서 삶의 중심을 다시 나에게 가져오는 연습이다.

나쁜 감정을 떠올리기 싫어서 외면할수록 그 감정은 내 몸과 마음에 쌓이게 된다. 마치 건강이 걱정돼 검진을 받고도, 검진결과가 불안해 결과통지서를 들춰 보지 못하는 것과 같다.

2.
감정을 다스리는
네 가지 열쇠

감정의 브레이크
-심호흡과 명상

화를 내지 않고 사는 사람은 없다. 하지만 어떤 사람은 말 그대로 폭발하는 반면, 어떤 사람은 분노의 순간에도 조용히 자신을 추스르고 다음 선택을 고른다. 그 차이는 타고난 인내심이 아니라, 감정을 다룰 수 있는 브레이크를 어디서 밟느냐의 문제다. 그 브레이크가 바로 심호흡과 명상이다.

분노는 뇌의 '자동 반응 시스템'에서 시작된다. 우리가 화를 낼 때 가장 먼저 반응하는 곳은 머리도 가슴도 아닌 뇌 속의 편도체다. 이 감정 센터는 위협이나 모욕, 억울함 같은 자극을 받으면 즉각 '위험 상황'으로 판단하고 신체 전체에 '긴급 반응 명령'을 내린다. 그 결과, 심장은 빨라지고 혈압이 올라가고 호흡은 가빠지며 근육은 긴장한다. 마치 영화 〈인사이드 아웃〉에서 라일리의 얼굴이 빨개지면서 참을 수 없는 표정으로 주먹을 불끈 쥐고 폭발하기 직전인 상황이다. 이 모든 과정이 1~2초 이내에 일어난다.

즉, 분노는 이성보다 빠르게 몸에서 먼저 반응하는 감정이다. 그러니 '화를 참아야지.'라는 생각조차 할 틈도 없이 몸은 이미 전투태세로 돌입해 있는 것이다.

그렇다면 이렇게 급발진하려는 자동차를 어떻게 멈출 수 있을까? 가장 즉각적이고 확실한 방법이 바로 심호흡이다. 심호흡은 단순히 '숨을 길게 쉬는 것'처럼 보이지만, 그 작용은 매우 정교하다.

상식 차원에서 알아 둔다면, 생리학적 작용은 이렇게 돌아간다. 먼저 '부교감신경계 자극'이 이뤄진다. 깊은 호흡은 '긴장을 완화하는 신경계'인 부교감신경계를 자극해 심박수를 줄이고, 혈압을 낮추며, 근육의 긴장을 완화시킨다.

심호흡은 또한 감정 통제 센터인 편도체를 진정시킨다. 느리고 깊은 호흡은 뇌의 편도체 활동을 억제하여 공포, 분노, 불안 같은 감정을 조절할 수 있게 돕는다.

마지막으로, 전전두엽이 활성화된다. 폐로 들어간 산소가 적혈구를 통해 혈액으로 전달되는데, 심호흡은 이성적 판단을 담당하는 전전두엽의 혈류를 늘려 감정 대신 생각이 앞서게 만든다. 편도체로 주도권을 뺏길 상황을 전전두엽이 다시 가져오는 셈이다.

서울 반포의 한 국제학교 선생님의 일화다. 이 선생님은 학생들이 말다툼을 하거나 감정이 서로 상할 경우 즉각적으로 당사자에게 이런 말을 건넨다고 한다.

"Calm down, Calm down! Let's drink a cup of water~."

우리말로 하면 "진정하고 심호흡하기~ 물 한 모금 마시기~"라는 말을 매번 반복한다. 학생들은 선생님 말씀이 재미있어서 외울 정도라고 한다. 선생님은 학생들을 침착하게 진정시키고, 화난 이유를 나중에 들어 보려는 의도인데, 그 효과가 적지 않은 것은 분명하다.

실제로 위에 언급한 기전을 통해 그 효과는 매우 크다. 심호흡은 감정을 멈추는 스위치가 아니라, 뇌 전체가 다시 '이성 모드'로 전환되도록 도와주는 재부팅 버튼이다.

명상은 오해받기 쉬운 단어다. 길을 걷고 있는데 대학생인 듯한 남녀가 불쑥 다가와 "도를 믿으시나요?"라고 물어봐서 당황한 적이 있었을 것이다. 당연하지만 여기서 말하는 명상은 그런 것과는 거리가 한참 멀다.

'아무 생각도 하지 않기.'

'고요한 마음으로 비우기.'

명상은 감정을 없애는 게 아니라, 감정이 지나가도록

허용하는 훈련이다. 마음속에 화가 올라왔을 때 그 감정을 붙잡지 않고, '지금 나는 화를 느끼고 있다.'라고 조용히 알아차리는 순간, 우리는 그 감정에 끌려가지 않고 그 감정을 '바라보는 나'로 전환할 수 있게 된다.

명상할 때 뇌에서 일어나는 변화는 일종의 도미노 현상과 같다. 감정 센터인 편도체의 반응성 감소 → 주의 집중력 향상 → 자기인식 능력 증가 → 스트레스 호르몬 수치 감소 → 세로토닌·옥시토신 등 긍정정서 유도물질 증가 순으로 이어진다. 이런 변화는 분노를 더 효율적으로 더 건강하게 다룰 수 있는 상태를 만들어 준다.

지금 당장 시도해 볼 수 있는 심호흡과 명상 루틴을 소개한다. 먼저 '4-2-6' 호흡법을 시도해 보시라. 4초간 코로 천천히 들이마시고 2초간 멈춘 뒤 6초간 입으로 길게 내쉰다. 이 과정을 3~5회 반복하면 긴장이 완화될 뿐만 아니라 머리도 맑아지는 느낌이 든다.

다음으로는 3분 명상이다. 사무실에서든, 집에서 잠자리에 들기 전에든 편하게 해볼 수 있다. 조용한 곳에 앉아 눈을 감고 내 호흡, 몸의 감각, 올라오는 생각을 그냥 관찰하고, 어떤 감정이 올라와도 붙잡지 않고 흘러보내는 연습이다.

화를 조절하는 기술은 거창한 철학이나 무조건적 인내심이 아니라, 숨을 잘 쉬는 연습에서 시작된다. 그리고 마음을 들여다보는 작은 명상의 시간은 감정에 휘둘리지 않고 내가 감정의 주인이 되는 시간으로 이어진다.

화가 올라올 때마다 기억하자. 감정을 없애려 하지 말고, 그 감정이 지나가도록 공간을 만들어 주자. 그 공간은 숨 한번 깊이 들이쉬는 그 순간, 이미 내 안에서 만들어진다.

감정 설명할 언어 배운다
-감정표현 훈련

"그냥 기분이 나빴어."

"말로는 못 하겠는데, 아무튼 불편했어."

"화를 낸 건 아닌데… 속이 계속 뒤집혀."

우리의 감정 표현은 종종 이렇게 뿌옇게 흩어진다. 정확한 단어 없이, 명확한 설명 없이 그저 불쾌하고 답답한 감정만 가슴에 남는다.

이때 우리가 겪고 있는 건 감정조절 능력 부족이 아니라, 감정을 설명할 언어가 부족한 상태다. 감정은 마음에서 시작되지만, '말'로 옮겨지지 않으면 곧 몸에서 터지거나, 관계 속에서 오해로 변한다. 자신의 감정을 말로 제대로 설명할 수 있는 사람이 내 정신건강도 제대로 지켜낼 수 있다. 감정을 말하지 못하면, 그 감정에 끌려다니게 된다. 머릿속에 처리되는 것들이 너무나 많은데, 처리되지 못한 감정 때문에 출구가 막혀 버리는 느낌이다.

감정을 억누른다고 사라지는 건 아니다. 말하지 못한 감정은 속에 고이고 쌓여서 어느 날 전혀 엉뚱한 방식으로 표출되기 때문이다. 소화불량, 잦은 두통, 수면장애 등으로 나타나기도 하고, 때로는 누군가의 말 한마디에 과하게 욱하기도 한다. 가끔은 다른 일을 처리하려는 의욕도 저하하고, 이유 없는 우울감으로 연결되기도 한다. 이건 모두 감정이 풀리지 않고 남아 있다는 신호다.

그리고 그 원인은 '감정 자체'보다, 그 감정을 제대로 된 언어로 표현하지 못한 시간에 있다. 감정에 대해 이를 표현할 줄 아는 '어휘력'이 우리에게 꼭 필요한 이유다.

어릴 때 우리는 '화났다', '슬프다', '좋다' 정도로 감정을 단순하게 배웠다. 하지만 인간의 감정은 그렇게 단순하지 않다. 예를 들어, '화가 났다'는 감정은 실제로는 이런 감정으로 세분화될 수 있다.

억울함: 내가 정당한 대우를 못 받았다고 느낄 때

모욕감: 자존심이 상했을 때

서운함: 기대한 만큼 보상받지 못했을 때

좌절감: 원하는 방향으로 일이 안 풀릴 때

불안감: 어떤 일이 닥칠지 모르는 느낌일 때

이렇게 감정에 정확한 이름을 붙이면, 그 감정은 상대적으로 나를 덜 흔들고, 내가 그 감정을 조금 더 이해하기 때문에 그 감정을 다루는 주체가 될 수 있다.

예를 들면 이런 이야기다.

나는 평소 조용하고 성실한 성격이었지만, 사소한 일에도 욱하는 자신에게 혼란을 느끼고 있다.

'왜 이렇게 화가 자주 날까? 나는 원래 이런 사람이 아닌 것 같은데.'

심리상담에서 '감정 단어카드'를 꺼내 들었다. 그중에 눈에 들어온 단어는 억울함, 무력감, 불신이었다. 그제야 내 감정을 분명히 알게 되었다.

"화가 난 게 아니었어요. 그냥 인정받고 싶었고, 나 혼자 모든 걸 감당하고 있다는 생각에 지쳤던 거예요."

그날 이후 나는 화를 내지 않는 법이 아니라, 감정을 풀어내는 언어를 배우기 시작했다. 그리고 화는 줄어들기 시작했다.

이런 스토리는 실제 우리네 삶에서 가능한 이야기다. 정신건강 관리는 감정표현 훈련에서 시작된다. 정신건강 관리라고 하면 많은 사람들이 병원, 약물, 치료를 먼저 떠올린다. 하지만 정신건강의 기초는 훨씬 더 일상에 있다. 그건 바로 내 감정을 제대로 소통할 수 있는 능력이다.

실천 팁을 소개하면 이렇다.

◇ **감정 단어사전 만들기**

나의 슬픔 → 허전함, 상실감, 외로움

나의 분노 → 모욕감, 억울함, 열등감

◇ **하루의 감정 하나 적어 보기**

"오늘 가장 강하게 느낀 감정은 무엇이었고, 왜였는가?"

◇ **감정을 내 말로 풀어 주기**

"기분 나빴어."라는 말 대신 "그 말이 나를 위축시켰어."

결국, 감정을 '꺼낼 수 있는 공간'이 있어야 한다. 누구나 화가 날 수 있다. 하지만 어떤 사람은 그 화를 말로 풀 수 있는 공간이 있고, 어떤 사람은 혼자 감당하며 속으로만 싸운다.

그래서 정신건강 관리의 또 하나의 핵심은 '감정을 꺼낼 수 있는 안전한 사람이나 공간'을 만드는 것이다. 신뢰할 수 있는 친구나 동료, 편하게 말할 수 있는 가족, 감정을 묵묵히 들어 주는 상담자, 혹은 감정을 솔직하게 나눌 수 있는 커뮤니티, 이 모두가 나를 지킬 수 있는 대상이다. 이렇게 감정이 고립되지 않는 구조를 만들면, 정신건강은 이미 절반 이상 지켜지고 있는 셈이다.

감정은 표현돼야 치유된다. '표현할 수 있는 말'과 '들어 줄 수 있는 사람'이 있어야 한다는 이야기다.

정신건강을 지킨다는 건 '강해지는 것'이 아니라 '내 감정을 제대로 알고, 말할 수 있게 되는 것'이다. 말하지 않으면 상처가 되고, 말할 수 있게 되면 이해되고 회복된다. 그러니 매일 한 번씩 물어보자.

"지금 내가 느끼는 이 감정, 말로 설명할 수 있을까?"

그게 정신건강의 시작이고, 감정이 나를 다스리는 게 아니라 내가 감정을 다스리는 순간이다.

몸 움직이면 감정도 변한다
-규칙적인 운동

화가 나면 우리는 '말'로 반응하기보다 먼저 '몸'으로 반응한다. 숨이 거칠어지고, 심장이 두근대며, 손이 떨리고, 입이 바짝 마른다. 이처럼 분노는 가장 원초적인 생존 감정으로, 몸 전체를 '싸울 준비' 상태로 몰아넣는다.

하지만 싸워야 할 대상은 없고, 그 분노를 풀 길도 없을 때, 그 에너지는 고스란히 몸 안에 쌓인다. 그게 반복되면 속이 더부룩하고, 잠이 잘 오지 않고, 이유 없이 피로해진다.

그럴 땐 마음을 다독이기보다 몸부터 움직이는 것이 훨씬 효과적이다. 왜냐하면 원시시대는 그렇게 화가 나면 실제로 이를 외부로 표출하면서 정리해 왔다. 싸울 적이 있기에, 물리적 힘을 가해 상대를 제압하거나, 아니면 내가 다치거나 죽는 상황으로 치달으면서 에너지를 소비해 왔다.

하지만 지금은 세상이 달라졌다. 화가 나더라도, 권투 선수라면 모르겠지만 일반인들이야 그렇게 분출할 방법이 마땅히 없다. 그래서 그 원시시대의 상황을 재현해 주는 것이 바로 운동이다. 운동은 생각보다 훨씬 강력한 감정조절 도구다. 또한 감정과 신체의 균형을 회복하는 생물학적 도구이기도 하다.

화는 기본적으로 코르티솔과 아드레날린 같은 스트레스 호르몬이 뇌에서 분비되면서 시작된다. 이 호르몬들은 심박수와 혈압을 높이고, 근육에 힘을 집중시키며, 몸 전체를 긴장 상태로 만든다. 이 상태에서 몸을 움직이지 않고 가만히 있으면 그 에너지는 방출되지 못하고 내부에서 '축적된 스트레스'로 전환된다.

하지만 운동을 시작하면, 그 에너지는 움직임을 통해 해소되는 방향으로 전환된다. 마치 원시시대처럼 말이다. 말하자면, 운동은 내가 느끼는 감정 에너지를 몸 밖으로 흘려보내는 배출구와 같다.

그러면 운동은 분노 해소와 어떻게 연관이 될까? 생리학적 지식을 조금 동원해 이야기하면 다음과 같다.

먼저, 스트레스 호르몬 수치 감소다. 달리기나 축구 등 유산소 운동을 하면 혈중 코르티솔 수치가 안정적으로 감소한다. 이 효과는 운동 직후뿐 아니라, 꾸준히 반복될수록 기본적인 스트레스 저항력을 높여 준다.

둘째, 세로토닌과 도파민 분비를 촉진시킨다. 운동은 뇌에서 '기분을 좋게 하는' 신경전달물질인 세로토닌과 도파민의 분비를 늘려 우울감, 짜증, 분노 반응을 완화시킨다. 기분이 좋아서 이런 물질이 나오기도 하지만, 운동을 통해서 이런 호르몬을 역으로 끌어내는 것이다.

셋째, 심장과 혈관을 강화시킨다. 우리나라 국민의 사망 원인 중 암에 이어 가장 많은 게 심혈관계 질병이다. 기름진 음식을 먹거나 체중이 많이 나가는 것도 뇌졸중의 이유지만, 분노는 심장과 혈관에 가장 치명적인 감정이다.

오래된 막장 드라마에 보면 자식의 충격적인 발언에 뒷머리를 부여잡고 쓰러지는 아빠의 모습이 종종 나오는데, 의학적으로 말하면 '갑작스런 분노로 인해 뇌혈관이 파열되는 뇌출혈'일 가능성이 높다. 하지만 운동은 심장의 펌프 기능을 높이고 혈관을 유연하게 만들어, 분노로 인한 혈압 상승이나 부정맥 발생 위험을 낮춘다. 막장 드라마의 아빠가 평소 규칙적인 운동을 했더라면 못된 아들의 막가파식 발언에도 뒷목을 잡고 쓰러지지는 않았을 것이다.

마지막으로, 운동은 면역력 향상에 크게 기여한다. 화

가 자주 나면 면역력이 떨어지지만, 운동은 NK세포^{자연살}_{해세포}, 백혈구, 면역조절 단백질의 활동을 활성화시켜 몸을 스트레스와 감염으로부터 지키는 방어력을 높여 준다. 거꾸로 말하자면, 화가 자주 나거나, 아니면 화를 가슴에 품고 산다면 오히려 운동을 더 자주 해서 면역력이 떨어지지 않도록 해야 한다. 화로 인한 면역력 저하는 결국 질병에 취약한 몸 건강 영역에 곧바로 악영향을 주는 것이다.

"운동이 화를 풀어 줬어요."
40대 중반의 오○○ 센터장은 직장 내 갈등이 잦아지면서 일하다 말고 욕이 나올 만큼 짜증이 극도로 올라가는 경험을 반복하곤 했다. 그러던 차에 그는 감정을 억누르기보다 퇴근 후 운동화를 꺼냈다. 속상한 날일수록 40분 이상 땀을 흘렸다. 한 달쯤 지나자 스스로 놀랄 만큼 '화를 덜 내게 됐다'고 느꼈다. '화가 나면 일단 뛰고, 그다음에 말하자'는 습관이 그의 감정 회복 루틴이 된 것이다.

물론 달리기만이 능사가 아니다. 걷기도 좋고 요가, 수영, 자전거 타기, 심지어 복싱도 좋다. 몸을 움직이는 것 자체가 감정을 비우는 일이기 때문이다.

우리는 화를 마음으로만 다스리려 한다. 하지만 가장
먼저 반응하는 건 몸이고, 가장 빠르게 회복하는 방법도
몸에서부터 시작된다. 운동은 신체에만 좋은 게 아니라,
감정에도 해독제처럼 작용하는 선물이다.

음식이 감정이다
-균형 잡힌 식습관

"그날은 정말 화가 나서 라면 두 개에 떡볶이까지 먹었어요."
"짜증 나면 꼭 단 게 당기더라고요."
"회사에서 스트레스 받는 날은 꼭 술을 찾게 돼요."

이런 말은 살다 보면 익숙한 이야기다. 재미있는 건 그 말 속에 이미 답이 있다는 점이다. 화가 날 때, 몸은 음식을 통해 감정을 다루려 한다. 그렇다면 반대로, 우리가 어떤 음식을 먹느냐에 따라 감정의 흐름도 달라질 수 있다는 뜻이 된다.

결국 음식도 내 감정이다. 우리는 먹는 것으로 기분을 조절하고, 기분이 먹는 것을 결정하며, 그 선택이 다시 우리의 신체와 감정에 직접적인 영향을 미친다.

화는 몸속 염증으로 이어진다. 분노는 감정에서 시

작되지만, 그 결과는 몸의 세포 수준에까지 도달한다. 화가 날 때 분비되는 코르티솔과 아드레날린은 몸 전체를 경계 상태로 만들며, 이 상태가 반복되면 '염증반응Inflammation'이 지속적으로 유발된다.

생리적으로 보면 혈관 내벽 손상은 고혈압, 심혈관 질환을 초래하고, 장의 점막 약화는 소화불량, 설사, 면역 저하로 연결된다. 염증반응은 면역세포 과잉반응으로 이어지고 이는 자가면역질환, 피부염, 피로 등을 초래한다. 특히 뇌 염증반응은 우울, 불안, 집중력 저하 등으로 연결된다.

화는 결국, 단지 기분 나쁜 감정이 아니라 신체를 염증 상태로 몰아가는 생리학적 반응이다. 이런 염증을 줄이기 위해 가장 먼저 할 수 있는 일 중 하나는 항산화 식품을 섭취하는 것이다. 분노가 없는 게 좋겠지만, 그럴 수 없다면 염증을 줄이는 음식이 최고다.

항산화 식품은 몸 안의 활성산소와 염증물질을 중화시켜 세포 손상을 막고 면역 균형을 유지하는 데 핵심적인 역할을 한다. 다음은 주요 항산화 성분과 식품이다. 이런 식품들은 혈관과 장, 뇌에 미치는 염증을 줄여 주고 스트레스에 대한 회복탄력성Resilience을 높인다.

폴리페놀: 블루베리, 포도, 녹차, 커피

플라보노이드: 양파, 브로콜리, 사과

베타카로틴: 당근, 단호박, 시금치

오메가-3 지방산: 연어, 고등어, 호두, 아마씨

비타민 C, E: 감귤류, 파프리카, 해바라기씨, 아보카도

셀레늄: 브라질너트, 통곡물, 버섯

특히, 장은 감정과 연결된 제2의 뇌라고 할 수 있다. 우리가 먹은 음식은 장에 있는 수십조 개의 미생물과 상호작용한다. 이 장내 미생물 군집이 건강하면 세로토닌의 90%가 장에서 생성된다. 하지만 자극적인 음식, 불규칙한 식사, 지속적인 염증은 이 미생물 균형을 깨뜨린다.

분노를 없애겠다고 먹는 매운 음식이 장내 균형을 깨뜨려 오히려 상황을 악화시킬 수도 있다는 이야기다. 오히려 스트레스에 예민해지고, 화를 더 자주 내거나, 감정 기복이 커질 수 있다. 특히 수면장애, 불안, 우울 등으로 악화될 수도 있는 것이다.

이처럼, 장이 건강하면 마음도 안정되고, 장이 흔들리면 감정도 불안해진다. 이것이 바로 '장-뇌 축Gut-Brain Axis' 이론이다. 실제로 식단을 바꾸면 마음도 바뀔 수 있다.

30대 후반의 김 과장은 평소 잦은 짜증과 감정 기복으로 고민이었다. 사소한 일에도 욱하거나, 업무 집중도 잘되지 않았고, 무기력한 상태가 잦아졌다.

심리상담을 통해 우울 척도가 다소 높다는 걸 확인한 그는 건강 관리를 시작하기로 결심했고, 무엇보다 먼저 식습관을 바꿨다.

'인스턴트식품 줄이기'

'채소와 견과류 중심의 식단 구성'

'아침 공복에 미지근한 물 + 과일 한 조각'

'과도한 카페인과 당류 섭취 조절'

한 달쯤 지나서 김 과장은 이렇게 말했다.

"짜증 나는 게 꽤 줄었어요. 예전 같았으면 지하철에서 옆 사람과 어깨만 스쳐도 신경질이 났을 텐데, 요즘엔 그냥 넘어가게 되더라고요."

김 과장과 같은 효과를 볼 수 있는 식습관 팁을 소개하면 아래와 같다.

◇ 하루 세 끼, 거르지 않고 규칙적으로 먹기

공복 시간이 길수록 코르티솔 수치가 올라가 감정 조절이 어렵다. 배고프면 짜증이 나는 것도 이 때문이다.

◇ **자극적인 식품 줄이기**

설탕, 트랜스지방, 나트륨 과다 섭취는 뇌의 감정 회로를
자극해 분노, 충동 조절을 어렵게 만든다.

◇ **항산화 채소 한 접시 이상 섭취하기**

채소와 과일의 색이 진할수록 항산화 효과가 크다. 붉은
파프리카, 보라색 가지, 녹색 브로콜리 등이 최고다.

◇ **견과류 한 줌, 하루 한 번**

호두, 아몬드, 브라질너트 등은 뇌신경 안정에 도움을 준다.

◇ **따뜻한 음식으로 몸을 진정시키기**

따뜻한 국, 죽, 차 한잔은 부교감신경을 자극해 몸의 긴장
을 완화하고 마음을 안정시킨다.

결국, 음식은 곧 감정의 언어다. 분노는 '속이 끓는다',
'화가 치민다'는 말처럼 정말로 내 몸 안에서 생리적 변화
를 일으킨다. 그리고 우리가 먹는 음식은 그 감정의 불을
키울 수도, 그 불을 조용히 잦아지게 할 수도 있다.

감정을 조절하는 약은 반드시 병원에서만 나오는 게
아니다. 냉장고 안에도, 식탁 위에도 감정을 다스릴 열쇠

가 있다. 그날 내가 어떤 감정을 느끼고 싶은지, 어떤 감
정을 비워 내고 싶은지, 그것은 곧 오늘 내가 어떤 음식
을 선택할지에서도 결정될 수 있다.

3.

심리학은 이렇게 코칭한다

심리학으로 보는
화 다스리기

누구나 화를 낸 경험이 있다. 길이 막힐 때, 부당한 대우를 받을 때, 또는 예상과 다른 일이 생겼을 때 우리는 자연스럽게 분노라는 감정을 느낀다. 그런데 그 화를 어떻게 다루느냐에 따라 삶의 질이 완전히 달라질 수 있다. 잘 다스린 화는 갈등을 줄이고 관계를 개선하지만, 조절하지 못한 화는 불필요한 싸움과 후회를 만든다.

그래서 심리학에서는 화 조절을 위한 과학적인 방법들을 오랫동안 연구해 왔다. 이는 단순한 인내심이나 성격 문제가 아니라, 누구나 제대로 배우고 연습하면 습득할 수 있는 기술이라는 점에서, 이를 알고 실천한다면 내 인생을 더욱 풍요하게 살 수 있는 원천이 될 수도 있다.

먼저, 화의 인식에 관한 것으로, 내 감정을 먼저 알아차리는 것에서 시작해야 한다. 화가 날 때 우리는 보통 즉각적으로 반응한다. 하지만 그전에 아주 중요한 과정이 있다. 바로 '감정 인식'이다. 지금 내가 왜 이런 감정을 느끼는지, 어디서부터 시작된 감정인지 스스로 질문해 보는 것이다. "내가 지금 왜 화가 났지?" "그 말이 나를 왜 불편하게 했지?"처럼 자신에게 묻는 습관이 필요하다. 이런 질문은 감정을 객관적으로 바라보게 만들고, 감정에 휘둘리는 것을 막아 준다.

그리고 감정의 '트리거 Trigger, 방아쇠'를 아는 것도 중요하다. 반복해서 나를 화나게 만드는 말이나 행동, 상황이 있다면 그것을 인식하고 기억하는 것이다. 예를 들어, '나는 무시당한다고 느낄 때 화가 난다'처럼 구체적인 패턴을 알고 있다면, 나중에 비슷한 상황에서 더 침착하게 대응할 수 있다. 그래서 기록이 중요하다. 내 감정을 메모하고, 그 트리거의 패턴을 알면 나를 통제하기가 수월하다.

다른 하나는 화의 조절, 내 감정과 행동을 분리하는 연습이다. 화는 순간적으로 터지는 감정이지만 행동은 내가 선택할 수 있다. 심리학에서는 감정과 행동을 분리하는 능력을 훈련할 수 있다고 말한다. 즉, 화가 난다고 해서 반드시 소리를 지르거나 얼굴을 붉히는 것이 정답은 아니다.

이때 효과적인 방법 중 하나가 '10초 규칙'이다. 화가 났을 때, 바로 말하거나 반응하지 않고 잠깐 멈춰 숨을 고르는 것이다. 몇 초간의 정적이 생각보다 큰 차이를 만든다. 그 시간 동안 감정은 조금 가라앉고, 상황을 더 넓게 바라볼 여유가 생긴다.

혹은 심호흡을 하거나 그 자리에서 잠시 벗어나는 것도 도움이 된다. 상황을 잠시 벗어나는 것만으로도 감정의 세기를 줄일 수 있고, 더 나은 판단을 할 수 있게 된다. 이러한 방식은 회피가 아니라, 감정의 폭발을 예방하는 건강한 대응 전략이다.

이처럼 화를 다스리는 일은 거창한 결심이 아니라, 작고 구체적인 연습에서 시작된다. 감정을 알아차리고, 반응을 조절하는 법을 익히는 것, 그것이 바로 우리 자신을 지혜롭게 이끄는 첫걸음이다.

그리고 중요한 건 이 과정이 훈련으로 가능하다는 점이다. 매번 조금씩, 그러나 꾸준히 연습하면, 어느 순간 우리는 화에 끌려다니지 않고 스스로 감정을 다스리는 나를 발견할 수 있게 된다.

생각이 감정을 만든다
-인지행동치료

'모든 사람들이 날 부시하는 것 같아.'

'또 나만 손해 봤어. 다들 이기적이야.'

'이렇게까지 화낼 일은 아니었는데, 왜 이렇게 격해졌지?'

화는 감정이지만, 그 뿌리를 들여다보면 '생각'에서 시작되는 경우가 많다. 우리는 어떤 상황을 해석하고 받아들이는 방식에 따라 감정을 느끼고, 반응한다.

화는 내 관점에서 비롯되는 경우가 대부분이다. 인지행동치료CBT: Cognitive Behavioral Therapy는 바로 이 점에 주목한다. 화가 나기 전에 머릿속에 떠오르는 생각에 대해 '자동적인 해석'을 바로잡는 훈련이다. 인지행동치료의 작동 원리는 '생각이 감정을 만든다'는 것에서 출발한다. 사건 자체가 아닌, 그 사건을 어떻게 해석하느냐가 감정을 결정한다는 것이다. 예를 들어, 회의 시간에 누군가 내 아이디어에 반대했다고 하자. '그 사람이 날 무시했어.'라고 생각하면 화가 나고, '그 사람도 자기 의견이 있는 거겠지.'라고 생각하면 그다지 불쾌하지 않을 수 있다. 즉, 같은 사건도 생각의 방식에 따라 감정은 달라진다.

그래서 먼저 나의 '자동적 사고'를 인식하는 것이 중요하다. 화가 날 때, 그 상황을 떠올리며 이런 질문을 던져 보자.

'지금 내 머릿속에 떠오른 생각은 뭐지?'
'내 생각은 얼마나 객관적일까?'
'다른 해석은 없을까?'

예를 들어, '저 사람이 날 무시하고 있어.'라는 생각이 들었다면, '정말 저 사람이 그런 것일까?' '혹시 내가 예민하게 반응한 건 아닐까?'라고 되묻는 연습을 해볼 수 있다. 이처럼 자동적인 비합리적 생각을 '논리적으로 검토'하는 것이 인지행동치료의 핵심이다.

다음 단계는 비합리적 사고를 더 현실적이고 균형 잡힌 생각으로 바꾸는 것이다. 예컨대 "김 팀장이 나를 무시하는 것 같아.'라는 생각보다는 '가끔 그런 느낌을 받을 수 있지만, 나를 무시하는 건 아니야.'라고 관점을 바꿔 볼 수 있다. 혹은 '이건 분명 나를 공격하려는 거야.'보다는 '아냐, 김 팀장님은 그런 의도가 아니라 단순히 자기 생각을 말한 걸 수도 있어.'라는 좀 더 객관적인 생각으로 바꿔 볼 수도 있다. 이렇게 대안적인 생각을 연습하다 보면, 감정도 점점 차분해진다. 단순한 자기 위로나 긍정적인 말이 아니다. 사실에 근거한, 감정을 가라앉히는 새로운 관점 찾기다.

결국, 이런 균형적인 생각 역시 훈련의 힘에 달려 있다. 한두 번 해본다고 금방 효과가 나지는 않는다. 처음엔 화가 난 순간을 지나고 나서 복기하며 해보는 것도 좋다. 점차 화가 나는 '그 순간'에 바로 생각을 점검할 수 있게 된다. 마치 근육처럼, 훈련할수록 감정 조절의 힘도 길러진다.

화는 누구에게나 있는 자연스러운 감정이다. 하지만 그 감정에 끌려가느냐, 아니면 스스로 이끌어 가느냐는 생각의 힘에 달려 있다. 인지행동치료는 그 힘을 길러 주는 매우 실용적이고 효과적인 방법이다. 화가 났을 때 잠깐 멈추고, 내 생각을 들여다보자. 거기서부터 변화는 시작된다. 반복된 훈련을 통해 복근만 단단해질 수 있는 게 아니다. 내 생각과 관점도 탄탄해질 수 있다.

지금 이 순간, 화를 바라보라
-마음챙김

"나는 지금 화가 나 있다."

이 단순한 문장을 조용히 입 밖으로 꺼내는 것만으로도, 우리의 마음은 조금 달라진다.

마음챙김이라는 우리말은 영어인 'Mindfulness'를 가장 적절하게 표현하는 단어인 듯하다. 말 그대로, 내 마음의 현재의 순간을 있는 그대로 알아차리고 챙기는 것이다. 현재 내 감정을 억누르거나 없애는 것이 아니라, 그 감정을 판단하지 않고 있는 그대로 바라보는 것이다. 분노를 억누를 경우, 오히려 울화병이 생겨 내 몸과 마음은 더욱 소용돌이에 휩싸이게 된다.

화가 났을 때 대부분 우리는 그 감정에 휩쓸려 버린다. 마음은 과거의 상처나 미래의 불안으로 달려가고, 몸은 긴장되고, 말과 행동은 날카로워진다. 그런데 마음챙김은 이 흐름을 잠시 멈추게 한다. '지금 이 감정이 내 안에 있다'고 인정하는 것, 이것이 마음챙김의 출발점이다.

마음챙김은 먼저, 화를 억누르지 않고 바라보는 것이다. 마음챙김은 화를 없애려 하지 않는다. 오히려 '화가 나는 것도 자연스럽다'고 인정한다. 이때 중요한 건 화가 난 '나'를 관찰자처럼 바라보는 태도다. 예를 들어, 화가 날 때 다음과 같은 연습을 해볼 수 있다.

"나는 지금 가슴이 답답하고, 이마가 찌푸려지고 있어."
"이 감정은 내게 뭔가 중요한 일이 있었음을 알려 주는 신호야."

이처럼 감정을 객관적으로 바라보면 화의 강도는 점차 줄어들고, 분한 감정과 생각을 행동에 옮기기 전 한 걸음 물러설 여유가 생긴다.

마음챙김의 다른 하나는 호흡이다. 화가 치밀어 오를 때, 가장 쉽게 실천할 수 있는 방법은 호흡 명상이다. 복잡한 생각을 멈추고, 그저 숨을 들이쉬고 내쉬는 데 집중해 보자. 코끝으로 들어오는 공기의 감촉, 가슴이 부풀고 수축되는 느낌, 숨이 천천히 나가는 리듬. 이 과정을 몇 차례 반복하면 놀랍게도 마음은 점차 안정된다. 이 단순한 호흡은 뇌의 감정조절 영역을 자극하여, 분노의 에너지를 낮추는 효과가 있다. 실제로 심리치료나 스트레스 관리 프로그램에서도 가장 기본적이면서도 강력한 기법으로 사용된다.

마지막으로 마음챙김은 내 감정의 흐름에 주목한다. 우리가 화를 억지로 누르거나 무시하려 하면, 그 감정은 오히려 내 가슴에 응어리가 되고, 때론 더 강해져서 화내는 방식보다 더 나쁜 방식으로 터져 나올 수 있다. 반면, "나는 지금 화가 나 있지만, 그 화가 나의 전부는 아니다."라고 말해 줄 수 있을 때, 감정은 흘러가듯 자연스럽게 줄어든다.

마음챙김은 단번에 달라지는 마법 같은 기술이 아니다. 하지만 일상 속에서 짧은 호흡, 짧은 멈춤, 짧은 관찰을 반복할수록 화에 휘둘리지 않고 스스로를 다독일 수 있는 힘이 커진다.

지금 이 순간, 내 감정에 집중해 보자. 화가 찾아올 때, 억누르거나 터뜨리는 것 외에도, 조용히 바라보는 길이 있음을 알게 될 것이다.

4.
단단한 나,
이렇게 만들 수 있다

근육 풀면 마음도 풀린다
-점진적 근육 이완법

우리는 화가 나면 그게 바로 몸으로 나타난다. 어깨가 잔뜩 올라가고, 이마와 턱에 힘이 들어가며, 손은 꽉 쥐어지고, 가슴은 답답해진다. 얼굴은 울그락붉으락해지고, 입꼬리근육 등 얼굴 근육도 일그러지면서 공격적으로 변한다. 화는 근육과 신경을 통해 전신에 영향을 미치기 때문이다.

점진적 근육 이완법이란 이런 신체의 긴장을 의도적으로 풀어 주는 방법이다. 말 그대로, 몸의 여러 부위를 '점진적으로' 긴장시키고 다시 '이완'시키는 것이다. 이를 통해 우리는 신체에 쌓인 긴장을 인식하고 그 힘을 천천히 풀어 줄 수 있다. 그렇게 되면 마음의 긴장도 자연스럽게 함께 풀려나간다. 옛말에 몸과 마음이 하나라는 말이 하나도 틀린 게 없다.

이는 먼저 내 긴장을 인식하고 놓아 주는 법인데, 크게 두 단계가 있다. 첫째는 내 의지로 긴장시키는 것이다. 예를 들어 손을 꽉 쥐어 보자. 5초간 최대한 힘을 줘도 된다. 혹은 어깨를 일부러 5초간 움츠려 보자. 그다음으로 천천히 힘을 푼다. 바로 이완이다. 그 순간 느껴지는 '풀리는 느낌'이 바로 우리가 놓치고 있던 이완의 감각이다. 이후 몇 초간 그 부위가 편안해지는 느낌을 관찰할 수 있다. 이러한 수축과 이완의 과정을 손, 팔, 어깨, 얼굴, 가슴, 다리, 발 등 몸의 여러 부위에 차례로 적용해 보라. 이렇게 몸 전체를 차례로 이완시키다 보면, 전신의 근육 긴장이 해소되고, 마음도 훨씬 차분해지는 것을 느낄 수 있다.

이러한 근육이완법은 우리의 정신과 신체를 연결하는 다리 역할을 한다. 화가 날 때 우리가 흔히 느끼는 근육 긴장, 빠른 심장박동, 얕은 호흡 등을 완화시켜 주며, 신경계를 안정화시킴으로써 스트레스가 없는 편안한 상황에서 활동하는 부교감신경이 작동하게 도와준다. 우리가 싸움을 준비할 때, 즉 화가 날 때 활성화하는 교감신성을 근육이원법을 통해 억제함으로써 교전상태에서 평시체제로 돌려놓는 것이다.

결국 우리 몸이 먼저 풀리면 그에 따라 우리의 마음도 풀린다. 그래서 근육이완법은 불안, 분노, 불면증, 고혈압 등 다양한 스트레스 반응에 효과적인 기법으로, 심리 치료와 스트레스 관리 프로그램에서 자주 활용된다.

근육이완법은 긴 시간을 필요로 하지 않는다. 하루 5분이면 충분하다. 아침에 일어나기 전, 잠들기 전, 또는 회의 전이나 화가 날 때 잠시 자리를 벗어나서 조용히 실천할 수 있다. 예를 들어, 이렇게 시작해 보자. 손을 쥐었다가 천천히 풀기, 어깨를 귀 쪽으로 끌어올렸다가 툭 떨어뜨리기, 턱을 살짝 오므렸다가 힘 빼기, 발가락을 안쪽으로 구부렸다가 천천히 펴기. 이런 단순한 움직임만으로도 마음의 폭풍이 잦아드는 것을 느낄 수 있을 것이다.

"몸이 편안해지면, 마음도 따라 편안해진다."

이 말은 단순한 표현이 아니다. 실제로 우리의 신경계는 그렇게 연결되어 있다. 근육 이완은 그 연결고리를 활용하는 가장 쉬운 방법이다.

분노라는 강한 감정에 휘말릴 때, 몸부터 차분히 이완시켜 보자. 그러면 마음은 자연스럽게 따라온다. 몸과 마음이 하나라서다.

내면을 바꾸는 힘
-자기 대화 훈련

'왜 나만 이래야 하지?'

'아냐, 무슨 다른 이유가 있을 거야.'

'이상하네. 도대체 뭐가 문제지?'

화는 외부 자극에서 시작되는 것 같지만, 실제로는 내 안의 대화에서 더 큰 영향을 받는다.

안 좋은 말들이 내 머릿속에서 끊임없이 흘러나올 때, 감정은 쉽게 폭발한다. 우리들은 '내면의 나'와 자주 대화하는데, 그 내용이 부정적일수록 분노는 더 쉽게 찾아온다. 자기 대화Self-Talk 훈련은 바로 이 '내면의 말'을 바꾸는 훈련이다.

생각과 감정은 밀접하게 연결되어 있기 때문에, 스스로에게 어떤 말을 건네느냐가 감정의 방향을 결정짓는다. 이 훈련은 화가 치밀어 오를 때 즉각적인 감정 반응을 억제하고, 자신을 다독이며 이성적인 선택을 할 수 있게 도와준다.

그렇다면 자기 대화 훈련은 어떻게 할 수 있을까?

첫째는 '내 안의 대화'를 스스로 들여다보기이다. 먼저, 자기 대화를 인식하는 것이 첫걸음이다. 화가 날 때, 내 머릿속에서 어떤 말이 반복되고 있는지를 관찰해 보자.

예를 들어, 이런 말뭉치가 떠오를 수 있다.

'저 사람은 날 무시했어.'
'내가 이렇게 당하고만 있을 수는 없지.'
'항상 나만 손해 보는 것 같아.'

이런 생각들은 실제 상황보다 감정을 더 격하게 만든다. 하지만 잠시 멈추고 이렇게 나에게 다시 물어볼 수 있다.

"이 생각은 사실일까?"
"이런 말이 지금 나에게 도움이 되는가?"

이 과정을 통해 우리는 부정적인 '자동 사고'를 붙잡고, 그것을 새롭게 해석할 수 있다.

둘째는 말의 방향을 바꾸는 것이다. 자기 대화는 단순히 부정적인 말을 멈추는 것이 아니라, 대체할 수 있는 긍정적인 언어를 찾는 게 중요하다. 긍정의 언어는 긍정의 힘을 부르기 때문이다. 예를 들어 다음과 같이 바꿔 볼 수 있다.

'왜 나만 이래야 해?' → '지금은 어렵지만, 이 상황을 넘기면 더 나아지지 않을까?'
'결국 김 부장 때문이야!' → '그 사람의 행동이 문제일 수 있지만, 결국 그만 탓할 필요가 있을까?'
'나는 항상 실패해.' → '이번엔 잘 안 됐지만, 다음에 더 나은 방법을 찾을 수 있어.'

이러한 변화는 감정을 가라앉히고, 상황을 객관적으로 바라보는 힘을 키워 준다. 남을 탓하는 상황에서 나 자신과 상대방을 모두 바라보게 되는 변화이다.

셋째는 반복과 연습이 만드는 변화다. 자기 대화 훈련은 한 번에 효과를 보기 이렵다. 하지만 매일 조금씩 연습하면 뇌의 사고 회로가 점점 긍정적으로 바뀐다. 마치 새로운 길을 내듯 반복 학습은 새로운 감정 반응의 습관을 만든다.

화가 치밀어 오를 때, 자신에게 이렇게 말해보자.

"지금 내 감정은 정당하지만, 행동은 내가 결정할 수 있어."
"잠시 멈추고 생각하자. 내가 진짜 원하는 결과는 뭘까?"
"지금 내 감정에 휘둘리지 말고, 나 자신을 존중하자."

이렇게 스스로에게 말을 걸어 주는 습관은, 결국 화를 통제할 수 있는 강한 내면의 힘이 된다. 내가 나에게 어떤 말을 하느냐가 내 인생의 방향을 결정한다. 자기 대화 훈련은 작고 조용한 연습이지만, 그 효과는 매우 크다.

더 따뜻한 말, 더 균형 잡힌 시선을 나 자신에게 선물하자. 분노는 작아지고, 마음은 점점 단단해질 수 있다.

몸이 움직이면 마음도 바뀐다
-행동 활성화

몸을 먼저 움직이면 마음도 따라온다. 화를 조절하는 가장 단순하면서도 효과적인 방법 중 하나가 몸을 먼저 움직이는 것이다. '행동 활성화Behavioral Activation'는 바로 이 원리에 기반해 우울증 치료에서 쓰이는 심리학적 기법이다.

우울이나 불안뿐 아니라, 분노 역시 반복되는 생각 속에 빠질수록 더 깊어진다. 하지만 반대로, 생각을 멈추고 몸을 움직이면 감정은 자연스럽게 가라앉는다.

첫째는 감정보다 행동이 먼저라는 데서 출발한다. 사실, 화가 난 뒤에 대부분은 그 감정이 바뀌기를 기다린다. 그리고 오히려 그 감정에 몰입해서 '인수분해'하려고 한다.

"기분이 나아지면 운동해야지."

"화가 풀리면 사람을 만나야지."

하지만 행동 활성화는 그 반대의 프로세스를 의미한다. '감정이 먼저가 아니라, 행동이 먼저'라는 생각이다. 행동이 감정을 이끌어 낸다는 것이다.

예를 들어, 몹시 화가 난 상태일 때 가만히 앉아 있으면 머릿속은 부정적인 생각으로 가득 찬다. 하지만 그때 산책을 하거나, 몸을 움직이는 간단한 일이라도 해보면, 감정이 조금씩 풀리는 경험을 하게 된다. 이것이 바로 행동 활성화의 기본 메커니즘이다.

결국, 행동의 선택이 감정을 바꾼다는 것인데, 그렇다면 어떤 행동이 도움이 될까? 무조건 큰 활동일 필요는 없다. 오히려 작고 구체적인 활동이 더 좋다. 다음과 같은 행동들이 화가 날 때 도움이 될 수 있다.

10분간 천천히 걷기, 반려견과 산책하기, 따뜻한 물로 샤워하기, 식물에 물 주며 바라보기, 좋아하는 음악 듣기, 스트레칭하기.

이런 일은 단순해 보이지만, 편안한 마음을 들게 해주는 효과가 크다. 분노에 몰입한 상태에서 벗어나 몸과 마음의 균형을 회복하도록 도와주는 일들이다.

화에 대처할 때 나 자신만의 '리추얼Ritual'한 행동을 만들어도 도움이 된다. 행동 활성화는 습관이 돼야 진짜 효과가 난다. 자신만의 '감정 대처 행동 리스트'를 만들어 보는 것도 좋은 방법이다. 예를 들어, 다음과 같은 질문을 나에게 던지며 행동을 정할 수 있다.

'내가 화날 때 마음이 조금이라도 편해지는 행동은 뭘까?'
'지금 당장 5분 안에 할 수 있는 행동은?'
'과거에 기분이 나아졌던 활동은 무엇이었을까?'

나만의 방식을 찾아 그중에서 효과적이었던 것을 핸드폰에 적어 두거나, 책상 앞에 붙여 두는 것도 좋은 방법이다. 화를 느꼈을 때 그 리스트를 꺼내 행동으로 옮기는 습관이 생기면, 분노는 더 이상 감정의 폭풍이 아니라, 다룰 수 있는 감정으로 바뀌게 된다. 행동은 작지만, 그 행동이 감정에 미치는 영향은 크다.

행동 활성화는 말 그대로 '움직이는 감정 조절법'이다. 가만히 있을수록 화는 커지고, 움직일수록 화는 작아진다. 꼭 실천해 보라. 지금 화가 났거나, 화가 날 것 같다면, 지금 당장 한 걸음 걷는 것이 화의 파도에서 나를 구해 낼지도 모른다.

작은 변화가 큰 차이를 만든다
-습관의 기적

　이제 화를 줄이고 감정을 잘 다스릴 만한 방법을 찾았다고 치자. 한두 개라도 쓸 만한 자신만의 방법을 찾았다면, 이제부터 중요한 것은 이를 습관화해 유지하는 일이다.

　아무리 효과적인 방법이라 해도 삼일천하로 끝나 버리면 실질적인 변화는 일어나지 않는다. 책을 읽고 좋은 내용이라서 메모해 놨지만 행동하지 않은 것과 같다. 다이어트를 결심한 뒤 며칠 되지 않아 다시 평소 식습관으로 돌아가는 것과 유사하다.

　어떻게 하면 좋은 습관을 오래도록 지켜 갈 수 있을까?

　먼저, 목표를 작게 설정하면 좋다. 어떤 목표든지 간에, 뭔가 시작할 때 대부분은 큰 목표를 세우는 경우가 많다. 예를 들어 "매일 한 시간씩 운동하겠다." "앞으로 한 달 동안 설탕을 완전히 끊겠다."와 같은 다짐들이다.

특히, 금연을 시도해 보았거나 혹은 성공한 사람들은 목표 설정의 중요성을 실감할 것이다. 보통 큰 계획은 며칠만 지나도 지치기 쉽고, 결국 포기하게 되는 경우가 많다. 이럴 땐 오히려 아주 작은 목표부터 시작하는 것이 훨씬 효과적이다.

예를 들어, '시간 될 때 매일 5분간 명상하기', '잠들기 전 세 가지 감사한 일 메모하기', '하루 한 끼는 채소 위주로 먹기'처럼 부담 없이 실천할 수 있는 목표는 꾸준히 이어질 가능성이 크다. 작고 가벼운 습관은 심리적 저항이 적기 때문에 성공 경험을 반복할 수 있고, 이는 곧 자신감으로 이어진다. 그렇게 되면 자연스럽게 더 큰 습관으로 확장되며, 삶의 흐름도 바뀌기 시작할 수 있다.

다음으로는, 반복을 돕는 루틴을 만드는 것이다. 습관은 한두 번의 실행으로 몸에 배지 않는다. 반복이 중요하다. 그리고 이 반복을 가능하게 하는 힘이 바로 '루틴', 즉 일정한 패턴이다.

예컨대, 아침에 일어나자마자 창문을 열고 심호흡 세 번, 점심 식사 후 5~10분간 가볍게 걷기, 자기 전 스마트폰 대신 명상 앱 듣기 등을 반복한다. 이처럼 시간과 장소를 고정하는 습관은 뇌가 '이 시간엔 이걸 하는 거구나!'라고 인식하게 만들어 준다. 반복될수록 노력 없이 자연스럽게 행동이 이어진다. 습관이 '노력'이 아닌 '일상'이 되는 것이다.

초반에는 알람을 맞추거나, 포스트잇을 눈에 잘 띄는 곳에 붙여 두는 것도 좋은 방법이다. 중요한 것은, 작은 실천이라도 매일 반복하는 것이다. 그러면 머리가 아니라 몸이 기억하기 시작하게 된다.

마지막으로, 기록하고 반성한다. 습관을 잘 유지하고 있는지를 점검하는 가장 좋은 방법은 바로 기록이다. '시간을 정복한 남자'로 유명한 알렉산드르 류비셰프의 책을 보면, 그가 얼마나 꼼꼼하게 시간을 기록하고 귀하게 여겼는지를 여실히 알 수 있다. 25세부터 생애를 마감한 82세까지 자신이 해온 거의 모든 일들을 시간, 일, 월, 연별로 기록한 그가 세상에 남겨 놓은 것은 70여 권의 학술서적과 총 1만 2,500여 장^{단행본 100권 분량}의 기록이다. 류비셰프만큼 할 순 없겠지만, 오늘 어떤 노력을 했는지, 어떤 상황에서 그 습관이 효과를 발휘했는지 짧게 적어 보자.

습관은 삶을 바꾸는 가장 현실적인 힘이다. 화는 누구에게나 찾아오는 감정이다. 하지만 건강한 습관은 그 화를 잘 다스릴 수 있는 기반이 된다. 그런 습관은 특별한 능력을 지닌 사람만이 실천할 수 있는 것이 아니다. 누구나, 오늘부터, 바로 지금 이 순간부터 시작할 수 있다.

하루 5분의 명상, 짧은 스트레칭, 감사일기 한 줄, 채소 한 접시, 깊은 숨 한 번. 이러한 사소해 보이는 실천들이 모이면 어느새 우리는 더 차분하고 여유로운 사람으로 변화해 있을 것이다.

화를 내기 전에, 나 자신을 먼저 돌보자. 그리고 지금 이 순간부터 작은 습관 하나를 실천해 보자.

"오늘 하루, 나 자신을 잘 돌봤다."
"아까 회의 때, 내 감정을 스스로 바라보고 대응한 것은 정말 잘한 일이야."

이런 문장을 자신 있게 말할 수 있는 삶, 그것이 바로 우리가 추구하는 가장 건강한 삶이지 않을까.

작가의 말

"나부터 화를 내려놓기 위해 이 책을 쓰기 시작했습니다."

이 책은 거창한 이론서도 아니고, 남을 가르치기 위한 교재도 아닙니다. 솔직히 말하자면, 이 책은 무엇보다 '나 자신을 위한 글쓰기'였습니다. 내 안의 분노를 마주하기 위한, 그리고 그 분노를 조금 더 잘 다루기 위한 작은 연습이었습니다.

살면서 어느 순간부터 자주 화가 났습니다. 사소한 일에도 예민해지고, 짜증이 쉽게 올라왔고, 말끝은 날카로워졌습니다. 그리고 그 감정은 나만 아픈 것이 아니라, 나와 함께 살아가는 사람들을 힘들게 했습니다.

문득 돌아보니, 분노는 내 삶을 천천히 잠식하고 있었습니다. 그래서 '이게 정말 화낼 일인가?'라는 질문을 스스로에게 던지기 시작했습니다.

분노라는 감정은 왜 이렇게 자주 튀어나오는지, 왜 나

는 그 감정에 휘둘리는지, 그리고 어떻게 하면 그 감정을 더 잘 다룰 수 있는지를 알고 싶었습니다.

책을 쓰는 동안, 저는 화의 뿌리를 따라 깊이 내려가 보았습니다. 화는 단지 '욱하는 성격'의 문제가 아니었습니다. 과거의 상처, 사회적 스트레스, 생활 습관, 뇌의 반응, 문화적 영향 등 수많은 요인이 서로 얽히며 우리를 화나게 만들고 있었습니다.

하지만 동시에 알게 된 것이 있습니다. 우리는 화를 다스릴 수 있다는 것. 그것은 타고나는 능력이 아니라, 배우고 훈련할 수 있는 기술이라는 것입니다.

명상, 호흡, 기록, 자기 대화, 습관의 힘. 이런 작고 구체적인 실천들이 마음을 다스리는 데 얼마나 강력한 도구가 되는지를 체감했습니다.

그리고 깨달았습니다. 우리는 누구나 더 나은 방향으로 감정을 길들일 수 있다는 것을요. 이 책은 그 여정을 기록한 결과입니다.

여기까지 읽어 주신 여러분도, 아마도 화와 감정에 대해 고민해 본 적이 있는 분일 겁니다. 여러분의 하루가 더 평온해지고, 관계가 조금 더 부드러워지고, 무엇보다 스스로를 더 아끼고 사랑하는 시간이 많아지길 진심으로 바랍니다.

이 책을 덮는 그 순간, 그 작은 다짐 하나라도 마음에 남기를 바랍니다. 그리고 언젠가 누군가에게 이렇게 말해 줄 수 있기를 바랍니다.

"그때 나는 화를 참은 게 아니라, 나를 더 사랑하기로 선택한 거야."

"나는 얼마나 화나 있을까?"

\# 스트레스와 화를 측정해 보는 것은 자신의 감정 상태를 객관적으로 이해하고, 이를 관리하기 위한 첫 단계입니다.

아래 결과가 자신의 상태를 100% 반영하는 것은 아니니, 걱정하지 마시고 편안하게 체크해 보세요. 현재 자신의 상황을 조금이나마 평가할 수 있습니다.

테스트 결과는 참고용일 뿐이며, 심각한 문제로 느껴질 경우 전문 상담이나 치료를 권장합니다.

\# 다음 테스트 문항에 대해 0~4점 중 택일해서 답한 뒤, 합산해 보세요.

0: 전혀 아니다	1: 그런 경우가 있다	2: 종종 그렇다
3: 자주 그렇다	4: 매우 자주 그렇다	

1. 사소한 일에도 짜증이 나거나 화가 났던 경험이 있다.

2. 내가 무시당하거나 존중받지 못한다고 느꼈을 때 화가 난 적이 있다.

3. 화가 날 때, 큰 소리를 지르거나 감정을 억누르지 못한 적이 있다.

4. 화를 억누르려고 했지만, 오히려 더 큰 스트레스를 느낀 적이 있다.

5. 화가 나면 신체적으로 긴장되거나 심장이 두근거린 적이 있다.

6. 내가 의도하지 않은 행동이나 말을 한 후 후회한 적이 있다.

7. 화가 나는 상황에서 냉정하게 대처하기 어려웠던 경험이 있다.

8. 같은 상황이나 사람에 대해 반복적으로 화가 난 적이 있다.

9. 화가 나면 감정을 조절하지 못해 관계가 나빠진 적이 있다.

10. 화가 난 후, 그 감정이 지속되어 스트레스가 되었던 적이 있다.

Test 2. 최근 분노 경험 확인하기

1. 최근 일주일 동안, 일이나 인간관계에서 내가 억울
    하거나 부당한 대우를 받았다고 느낀 적이 있다.

2. 주변 사람들이 나를 무시하거나 존중하지 않는다고
    느낄 때, 화가 난 적이 있다.

3. 스트레스를 받을 때 머리가 아프거나 속이 답답하다
    는 신체적 반응을 느낀 적이 있다.

4. 가족, 직장동료, 혹은 친구에게 화를 내고 난 뒤 후회
    한 적이 있다.

5. 화가 날 때, 그 감정을 억누르다 오히려 몸이 더 긴장
    된다고 느낀 적이 있다.

6. 교통체증이나 대중교통에서의 무례한 행동을 보고
    참을 수 없을 정도로 화가 난 적이 있다.

7. 일이 잘 풀리지 않거나 목표를 달성하지 못했을 때,
    자신에게 화가 난 적이 있다.

8. 스트레스를 받을 때 음식을 많이 먹거나 식욕이 전
    혀 없어지는 경험을 한 적이 있다.

9. 가까운 사람이 나의 화를 이해하지 못하거나 나를
    오해한다고 느껴 속상했던 적이 있다.

10. 최근 화가 나는 일이 생긴 후, 그 감정이 며칠 동안
    지속된 적이 있다.

0~10점: 스트레스와 화가 낮은 수준으로, 잘 관리되고 있는 상태입니다.

11~20점: 중간 수준의 스트레스와 화로, 주의가 필요합니다. 휴식이나 스트레스 완화 기법을 시도해 보세요.

21~30점: 높은 수준의 스트레스와 화로, 감정 관리와 대처 기술이 필요합니다. 전문가 상담을 고려해 보는 것이 좋습니다.

31~40점: 스트레스와 화가 매우 높은 수준으로, 즉각적인 조치와 심리적 도움을 받는 것이 권장됩니다.

낮은 스트레스(0~10점)

스트레스와 화가 잘 관리되고 있는 상태로 보입니다. 현재의 건강한 감정 상태를 유지하기 위해 규칙적인 운동, 명상, 그리고 긍정적인 활동을 지속하세요.

중간 스트레스(11~20점)

스트레스와 화가 다소 증가한 상태로, 일상 속에서 관리가 필요합니다.

대처 방법

호흡법: 화가 날 때 심호흡을 통해 감정을 진정시키세요.

일정 관리: 스트레스 원인을 줄이기 위해 생활의 우선순위를 재조정하세요.

소통: 감정을 억누르기보다는 친구나 가족과 솔직히 대화해 보세요.

높은 스트레스(21~30점)

스트레스와 화가 높은 상태로, 그대로 방치하면 건강에 영향을 미칠 수 있습니다. 삶에 변화가 필요한 시기입니다.

명상 및 이완 기술: 매일 10분씩 마음챙김 명상을 시도해 보세요.

운동: 술을 피하고 걷기, 요가, 수영 등 신체활동을 통해 스트레스를 해소하세요.

전문가 도움: 부끄럽다고 생각하지 말고 심리상담사나 코치와 함께 대처 전략을 논의하세요.

매우 높은 스트레스(31~40점)

직장에 다니신다면, 가능하면 바로 휴가를 내길 권합니다.
심각한 스트레스와 화 상태로, 빠른 대처가 필요합니다.

상담 요청: 심리치료사 및 전문의와 적극적인 상담이 필요합니다.

의료적 도움: 술과 담배를 끊으시고, 경우에 따라 약물 치료를 병행해야 할 수도 있습니다.

지지 네트워크: 가족, 친구, 동료 등과의 연결을 통해 심리적 지원을 받으세요.

이게 화낼 일인가?

초판 1쇄 발행 2026년 1월 12일

지은이　　박기수
발행처　　예미
발행인　　황부현
편 집　　김정연
디자인　　김민정

출판등록　　2018년 5월 10일(제2018-000084호)

주소　　경기도 고양시 일산서구 중앙로 1542, 310-4호
전화　　031)917-7279　　　**팩스**　031)911-5513
전자우편　　yemmibooks@naver.com
홈페이지　　www.yemmibooks.com

ISBN　979-11-92907-91-8　　03190